미래 한일협력의

정치학

미래 한일협력의 정치학

김석우 | 박인휘 | 이상현 | 이상환 | 이재승 | 진창수 공저

인간사랑

차 례

서론
미래 한일협력 강화방안에 관한 연구

진창수(세종연구소)

I. 문제제기

한일 간에는 협력과 갈등이 불안정하게 요동치는 모습이 지속되어 나타났다. 양국 간의 관계는 한때 개선되었는가 하면 곧 다시 냉각되는 양상이 거듭되어 나타났다(그림 1 참조). 한일관계 갈등 유형은 그간의 특수한 역사적인 관계로 인해 감정적인 대결이 우선하는 경우가 많았다. 따라서 양국의 관계는 합리적인 법칙이 지배하기보다는 감정적인 명분이 주도하는 경우가 많았다. 왜 한일관계는 감정적인 명분이 지배해 갈등하는 것일까? 그 이유에 대해서는 일반적으로 두 가지 설명이 존재한다.

그림 1. 한일관계의 협력과 갈등의 사이클

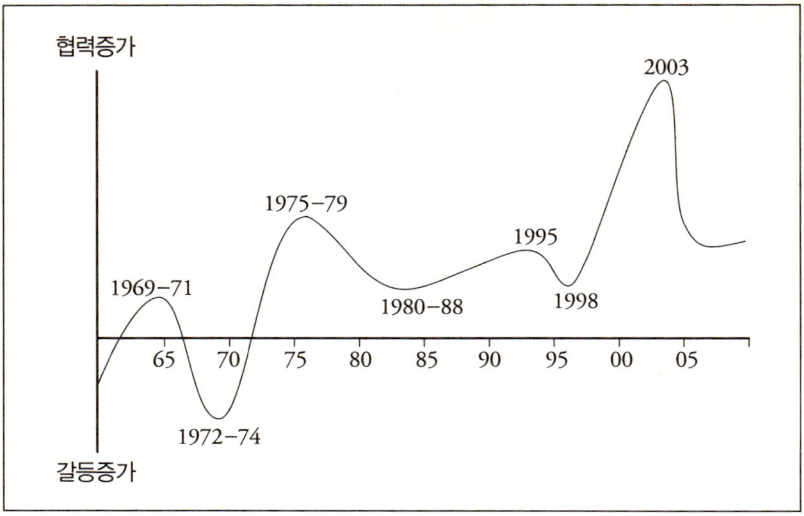

첫째, 양국 정치 엘리트의 정치적인 이용에 초점을 둔 분석이다. 한일 간의 협력과 갈등은 대개 양국 지배 엘리트들이 국내정치적인 필요에 따라 만들어내는 부산물로 생각한다. 한일관계에는 상호 협력을 촉진하도록 만드는 이해관계의 수렴이 존재한다. 그렇지만 양국의 국내정치적인 목적 때문에 사소한 이견을 가지고 관계 전체를 뒤엎는 사태가 발생함으로써 그때까지 쌓아온 협력관계는 다시 제로에서 시작할 수밖에 없다. 국내정치가 양국간 갈등에 미치는 영향은 우선 한국은 정치 엘리트가 반일정서를 관리하기보다는 대중적인 지지와 정치적인 자원을 공고히 하기 위해 이용하는 측면이 강했다. 특히 한국은 새로운 정권이 들어설 때마다 일본의 과거사 문제를 대일정책의 외교수단으로 이용하는 경향이 있었다. 즉 역대 정권은 일본의 과거청산 문제를 경제지원과 대북협력을 하기 위한 수단으로 생각하는 경향이 강했으며, 과거사 문제는 한일 양국의 갈등이 증폭되면 정치화하는 것을 방관하거나 부추기기조차 했다. 일본도 한일관계의 갈등을 가져오는 요인으로서는 자민당 내의 강경파와 온건파 사이의 갈등과 깊은 관련성을 지니고 있다. 이들은 어떤 대한정책이 일본의 경제적·안보적 이익에 가장 잘 부합되는가를 둘러싸고 갈등을 해왔다.

둘째, 역사적인 관계에서 기인하는 깊은 적대감과 심리적인 갈등이 주 원인이라고 보는 분석이다. 일본 식민지 시절에 대한 한국인의 적대적인 감정은 한국 민족주의와 반일감정을 직접 연결시킴으로써 구체화되고 있다. 한국 사람들은 일본인을 믿을 수 없고 회개하지 않는 민족이라고 생각한다. 반면 일본 사람들은 한국인을 지나치게 감정적이고 무례하며 수준 낮은 민족으로 간주한다. 이러한 증오는 양국 간의 쟁점이 과거의 기억을 상기시킬 때마다 고조되고 있다. 예를 들면 일본의 식민통치를 정당화하려는 일본 지도자들의 발언은 한국에서 반일감정을 증폭시켜 한일관계의 갈등을 가져왔다. 이에 따라 한국에서는 일본의 사과가 과연 진심인가에 대한 의심을 가지게 되었다. 나아가 한국 사람들은 일본이 과거 침략에 대해 참회하지 않고 있는 것은 아직도 한국을 일본의 영향력 아래 두려는 야심으로 받아들이고 있다. 이러한 한국의 주장은 안보와 FTA의 협력을 어렵게 하고 있다. 일본인들은 일본의 양보를 얻어내기 위해 과거사 문제를 이용하려는 한국의 태도를 혐오하고 있으며, 한국인들의 감정분출에 질색하고 있다.

이러한 기존의 두 가지 설명으로는 한일협력을 위한 실천적인 전략을 이끌어내기가 쉽지 않는 것이 사실이다. 첫 번째 설명에 따르면 정권이 정치적인 이용을 그만둔다면 한일 간 협력은 자연히 강화될 것이라고 상정할 수 있다. 그렇지만 현재는 과거사 문제를 국내정치에 이용해 갈등이 나타난 것은 결과적인 현상이며, 그 원인을 제공하는 것은 국제질서를 둘러싼 인식의 차에서 나타나는 부분이 많다. 따라서 탈냉전 이후 한일관계는 국제질서에 대한 인식의 차가 과거사 문제의 갈등을 심화시키고 증폭시키기도 한다는 점이 새롭게 주목되어야 할 점이다. 두 번째 설명은 일방적인 반성 및 사죄와 정권의 정당성을 확보할 때 한일관계의 갈등이 해결될 수 있다는 논리로 귀착될 가능성이 높다. 그렇지만 일본의 반성과 사죄가 점차 어려워지고 있는 지금의 현실에서는 이러한 인식은 한낱 도덕적인 공허한 주장이 되기 쉽다. 설사 일본이 반성을 한다고 하더라도 형식적인 의미에서의 일회성에 그칠 가능성이 높기 때문에 감정적인 소모전은 계속될 가능성이 높다.

한일 양국의 실천적인 한일협력을 모색하기 위해서는 양국의 갈등 원인에 초점을 맞추기보다는 왜 협력을 위한 전략적 모색이 지속되지 못하는지 그 이유를 분석할 필요가 있다. 지금까지 기존의 논의는 한일 양국의 갈등이 정치적인 쟁점으로 표면화된 이유에 초점을 맞춘 나머지 한일 양국이 갈등을 축소하면서 협력을 지속하지 못한 것에 대한 설명이 부족했다고 볼 수 있다.

이 글에서는 우선 한일 양국의 갈등을 축소하지 못한 원인을 찾기 위해 한일 양국의 협조와 갈등의 메커니즘을 분석한다. 이를 통해 한일협력이 지속하지 못한 원인을 찾아낼 것이다. 그 다음에 발전적인 한일협력을 위해서는 과거사에 대한 관리정책이 진행되어야 하고, 한일 양국이 미래 비전을 공유하는 정책이 실행되어야 한다는 점을 강조할 것이다.

II. 협력과 갈등의 사이클이 지속되는 이유

한일관계의 협력과 갈등의 사이클을 분석해 보면 정권들의 대일 정책 사이클과 많은 연관관계가 있다는 것을 알 수 있다. 한국의 역대 정권들은 거의 예외 없이 정권 초기에는 일본에 대한 협력적인 자세를 표명했고, 한일협력에 대한 기대를 가지고 있었다. 그러나 정권 초기의 기대는 일본에서 망언, 역사 교과서 문제, 그리고 영토분쟁이 발생하면서 점점 섭섭함과 아쉬움으로 바뀌어 가게 된다. 이로 인해 한일 양국은 서로를 불신하는 현상이 나타나게 된다. 처음에는 일본에 대한 대응을 자제한 한국 정부도 점차적으로 구체적이고 가시적인 대일정책을 취하게 되고, 정부의 일본에 대한 강력한 의지를 대중에게 보이고자 하는 대중영합적인 정책이 나타나게 된다. 정권 말기가 되면 대일정책의 강도도 높아질 뿐만 아니라 갈등의 정도도 점차 높아진다.

노무현 정부의 대일정책도 이러한 정권의 대일정책 사이클과 유사한 형태로 전개되었다. 노무현 대통령 취임부터 2004년 중반까지 대일정책은 일본에 대해 우호적이었고, 화해 무드를 발전시키는 형태로 나타났다. 예를 들면 2003년 6월 정상회담 후 공동 기자회견에서 "이번에는 과거사를 언급하지 않기로 작정하고 왔다"고 말할 정도로 과거사에 대한 중요성을 줄이면서 한일협력을 발전시키고자 하는 의도를 솔직히 드러냈다. 또한 2004년 7월 제주 정상회담에서도 "참여정부의 임기 중에는 과거사를 외교쟁점으로 제기하지 않겠다"는 의사를 밝혔다.

그러나 2004년 12월 이부스키 정상회담에서부터 한일 양국은 이견을 나타내기 시작했다. 한일 양국은 일본인 납치자 문제와 핵문제를 둘러싸고 북한을 다루는 방법에 대해 인식의 차가 크다는 것을 노정시켰다. 이처럼 북한 문제를 둘러싼 이견은 서로의 신뢰에 많은 상처를 주었다.

이처럼 한일관계에 불신이 생겨나는 상황에서 나타난 2005년 2월의 '다케시마의 날'과 다카노 일본 대사의 '다케시마는 일본땅'이라는 발언은 한일관계를 급격히 냉각시켰다. 독도문제에 대해 2005년 3월 17일 NSC 상임위원회가 '대일 신독트린'을 발표하고 3월 23일에는 노대통령이 직접 나서 '한일관계 관련 국민에게 드리는 글'을 발표했다. 이 글에서 노대통령은 시마네현의 다케시마의 날 선포를 '지난날의 침략을 정당화하고 대한민국의 광복을 부인하는 행위'라 규정하고 각박한 외교전쟁도 불사하겠다고 하면서 일본에 대한 단호한 의지를 표명했다. 청와대는 여기에 그치지 않고 2005년 4월 '바른역사기획단'을 구성해 일본에 의한 식민지 시대의 수탈과 침략에 대한 대응조치를 시작했다. 2005년 5월에는 야치 외무성 차관이 "미국이 한국을 신뢰하지 않아서 일본은 한국과의 정보 공유 및 협력이 망설여진다"고 발언한 것이 보도됨으로써 다시 파장을 일으켰다.

2005년 6월 20일 청와대에서 열린 한일정상회담에서 한일 양국은 야스쿠니 신사 참배와 과거사 청산문제에 대한 입장차를 크게 나타냈으며, 같은 해 11월 18일 부산에서 열린 정상회담은 노대통령의 역사문제에 대한 항의로 상당히 격앙된 분위기였다. 이후 한일 정상 간의 회담은 의미를 상실한 채 상호 불신이 증가했다. 이후 한일 정부 간 교류는 점차 냉담해졌으며, 한일관계는 소원해졌다.

노무현 정부 시기에는 한일관계에서 새로운 형태의 협력과 갈등적인 요인이 함께 공존되는 시기였다. 한일관계는 항상 과거사 문제로 발목이 잡혀 갈등할 수 있는 요인이 잠재된 것이 현실이었다. 그렇지만 노무현 정부 시기는 한일관계에서 새로운 협력과 갈등의 요인이 형성된 시기였기 때문에 양국 정부가 한일관계를 더욱더 발전시킬 여지가 있었던 것도 사실이다.

먼저 한일관계에서 긍정적인 요인을 살펴보면 노무현 정권기는 일본의 '한류' 붐으로 인해 일본 내에서 한국의 이미지가 급속히 좋아지고 민간교류도 활발한 시기였다. 이와 더불어 일본에서 한국의 비중이 비약적으로 높아지는 시기이기도 했다. 그것은 한국이 민주화되고 경제가 성장하면서 한일 간에는 가치관의 공유 및 국제질서에서 협력의 영역이 확대되었기 때문이다. 돌이켜 보면 '한류 붐' 은 2004년이 최전성기였고 이후 진정국면을 가지는 것처럼 보이지만, 현재 일본 사회의 분위기에서 알 수 있듯이 '한류' 는 일시적인 현상은 아니라고 볼 수 있다. 이처럼 노무현 정권기는 일본의 한류 붐으로 인해 그 어느 때보다 한일 양국의 국민이 친밀감을 가졌던 시기였다. 한류 붐은 문화영역에서 나아가 정치영역으로까지 '파급(Spill-over) 효과' 를 가졌다고는 볼 수 없지만, 일본 사회에서 한국에 대한 이미지 개선과 지(知)한파의 저변을 비약적으로 확대시킨 것은 분명하다. 한류 붐을 통해 일본인의 한국 여행은 증가했으며, 한국어 학습 인구도 증가했다. 일본 내에서 '겨울연가' 가 중장년 여성의 한국에 대한 관심을 증대시켰다고 한다면, '대장금' 은 남성까지도 포함한 한국 팬을 증가시켰다고 볼 수 있다. 이 결과 한일 간의 인적 교류 확대는 눈에 띄게 늘어나 1999년 방한 일본인 수가 200만 명을 넘어선 이후 2006년까지 매년 230만 명 이상을 유지하게 되었다. 이처럼 노무현 정권기는 한일관계에서 상대방에 대한 친밀감이 증가하면서 민간교류가 가장 활성화되었던 시기였다.

반면에 노무현 정권기는 북한 문제를 둘러싼 한일 간의 인식의 차가 확대되는 시기이기도 했다. 핵미사일 문제 및 납치문제로 인해 일본 사회의 대북여론은 강경론으로 치우친 데 반해, 한국 정부는 대북포용정책을 유지하면서 일본의 대북강경정책에 대한 우려도 갖게 되었다. 역으로 일본사회에서는 한국의 대북정책이 민족공조를 강조한 나머지 국제공조를 등한시한다는 비판이 지속되는 시기이기도 했다. 대북인식을 둘러싼 한일 간의 인식의 갭은 냉전기에서도 어느 정도는 존재했다. 냉전 시기에 한일은 북한에 대항하기 위해 협력관계를 유지했지만, 한국정부는 일본의 북한 접근에는 일본이 '양다리 외교'를 하고 있다고 생각해 비판했으며, 이에 대한 견제와 간섭을 하고자 했다. 이에 비해 노무현 정부 시기의 북한 인식을 둘러싼 한일 간의 갭은 이전과 다른 양상을 가져왔다. 일본 정부는 대북관계에서 강경론을 선택했으며, 한국 정부는 유연한 대북포용정책을 취하면서 국제질서를 바라보는 인식의 차이가 한일관계에서 서로를 불신하는 양상으로 나타났다.

실제로 일본은 고이즈미 총리가 2002년과 2005년 두 번에 걸친 북일정상회담을 해 한국의 노무현 정부는 일본의 북일관계 타개에 기대를 걸었던 시기도 있었다. 그렇지만 이후 일본 정부는 납치문제로 인해 더욱 더 강경정책으로 나아가면서 한일 간의 대북문제를 둘러싼 공조는 그만큼 힘들어지게 되었다. 냉전 시기에는 친미, 반공, 반북이란 점에서 한일은 공통의 이해를 가졌지만, 탈냉전 시기의 한일관계는 한일 양국의 전략적인 선택으로 인해 한일 양국 사이에 국익의 충돌이 일어나는 시기이기도 했다.

노무현 정부 시기의 한일관계는 새로운 협력과 갈등의 요인이 함께 공존했음에도 불구하고 한일관계의 부정적인 갈등이 확대되었던 이유는 무엇일까?

일반적으로 노대통령의 비외교적인 언사, 자극적인 언론보도, 대북문제와 연관지어 참여정부의 과잉대응에 초점을 맞추는 경향이 있다. 또 한편에서는 고이즈미의 야스쿠니 참배, 아시아에 대한 무시정책 등 일본의 문제점을 지적하기도 한다. 그러나 탈냉전기에 접어들면서 한국의 역대 정권들이 초기에는 우호적인 한일협력을 시도했다가 결국 기대에 어긋나는 일본의 행동과 발언으로 인해 정권 말기에 이르러서는 한일 간의 갈등이 커지는 갈등의 사이클을 이해해야만 한다. 이 점에서 한일 갈등은 양국의 리더십 차원뿐만 아니라 구조적인 문제가 있다는 것을 파악하지 않으면 안 된다.

이러한 점에서 노무현 정부의 대일외교정책을 평가해 보면 첫째, 대일정책의 목표가 올바르게 설정되었는지 살펴보아야 할 것이다. 노무현 정부의 대일외교 목표는 초기 협력이 우선되었다가 점차 과거사 문제의 해결로 변화되었다. 과거사에 대한 일본의 반성과 사죄를 대일외교의 목표로 설정했다는 것은 애초부터 쉽게 달성되지 못할 목표였다. 현재 일본 국민들은 과거사 문제에 대해 일본의 문제점을 비판하거나 지적하면 '일본은 도대체 몇 번이나 사과해야 하나' 라는 적극적인 방어 자세로 과거사를 인식하고 있다. 이 점에서 한국의 과거사에 대한 일방적인 비난과 해결 요구는 오히려 일본 내 우익들의 영향력을 확대시켜 주는 역반응을 가져와 한국이 의도하는 바와 반대의 결과를 가져오기 쉽다. 1980년대만 하더라도 일본 국민들 사이에서는 나름대로 한국이나 중국에 반성과 사죄의 자세를 취해야 한다고 생각하는 분위기가 조성되어 있었다. 그러나 역대 수상이 한국, 중국에 사죄를 거듭함에도 불구하고 한국과 중국이 일본의 반성과 사죄가 부족하다고 비난함에 따라 일본 국민들 사이에는 한국과 중국에게 '적당히 해라' 라는 식의 반감이 확대되었다. 특히 야스쿠니 신사 참배와 역사 교과서 문제에 대한 한국과 중국의 비판적인 논의를 내정간섭이라고 불쾌하게 생각하는 정치가와 일본 국민들의 비율이 높아졌기 때문에 한국의 요구에 일본 정치권이나 국민들이 쉽게 납득하지 못하는 것이 현실이다. 따라서 현재 한일 간의 과거사 문제를 풀기에 한국의 도덕적 우위와 일방적인 요구로는 더욱 더 어려워지게 되었다. 한국의 대일외교 목표는 대일관계가 한국에 전략적인 이익을 가져온다는 것을 전제로 한다면 한일전략적인 협력을 증대시키는 것이 목표가 될 수밖에 없다. 이 점에서 노무현 정부는 과거사 현안이 뜨거운 외교쟁점이 되지 않도록 관리에 중점을 두었어야 했다. 그러나 노무현 정권은 앞서서 과거사에 불을 지르기도 하고 또한 과잉대응의 모습을 나타냈다고 할 수 있다. 그 점에서 노무현 정부는 과거사를 관리하는 시스템을 만드는 데 실패했다고 할 수 있다.

둘째, 국가목표 달성을 위한 하위전략으로서 종합적 대일전략을 모색해야 한다. 지금까지 역대 정권의 대일전략은 즉흥적이거나 사안 중심의 단발적인 대응에 그치고 있어 종합적이고 장기적인 전략적 비전을 공유하고 있지 않는 상태였다. 또한 한일관계를 주로 양자 간의 특수 관계에 한정해 한국의 전체적인 국가목표 및 종합적인 외교전략의 틀에서 대일전략을 구상하지 못하고 있는 실정이었다. 노무현 정부의 한일전략도 대북정책의 하위전략으로 보는 경향이 짙었다. 따라서 북한과의 외교상황에 따라 일시적인 한일관계 복원이 거론되기도 함으로써 국가전략과 연계된 한일정책이 일관성 있게 추진되었다고 보기에는 어렵다. 이 점에서 노무현 정부는 대일정책이 동북아, 나아가서 아시아에서 어떤 역할을 할 것인가에 대한 전략적인 발상은 가지지 않았다고 볼 수 있다. 따라서 한일 양국은 21세기에 지향해야 할 미래에 대해 서로가 동상이몽을 꾸는 현상으로 나타날 수밖에 없었다. 이 점은 노무현 정부가 한국의 대북정책을 추진하기 위한 수단으로 대일정책이 이루어진 나머지 한일 양국이 북한의 핵보유 저지라는 목적을 공유하고 있음에도 불구하고 한일이 대북정책을 둘러싸고 서로 불신했던 현상을 통해 알 수 있다. 북핵문제 해결을 위한 전략적인 이익을 공유하기 위해서는 한일 양국이 단독의 미래가 아닌 '공동 미래(共同未來)'를 상정하는 종합적인 전략이 필요하다. 즉 종합적인 전략 하에 한일관계를 설정하는 미래 비전을 논의할 때 비로소 서로 협력할 수 있는 공간도 확대될 수 있다. 한일 양국이 공유하는 '공동 미래' '공동 비전'이 한일 양국의 획기적인 발전을 이끌어낼 때 한일 양국의 협력은 더욱 더 진전되며, 과거에 얽매지 않고 미래를 향한 논의가 진행될 수 있을 것이다.

III. 과거사 문제의 '관리'

한일 양국이 협력을 증진시키고자 할 때 과거사 문제의 처리에 대한 일정한 합의는 필수적이다. 과거사 문제의 근본적인 해결을 도모하는 원리주의나 과거사 문제를 방치하는 무관심은 오히려 문제의 개선보다는 악화를 가져올 수 있다. 과거사를 어떻게 '관리' 하느냐 하는 관점은 한일 양국이 미래를 설계하는 데 불가피하게 해결해야 할 과제이다. 따라서 과거사를 관리하는 방식은 공동 미래를 구축하기 위한 단계적 조치로서 다룰 필요가 있으며, 점차 국지적이고 축소지향적인 방식으로 문제를 관리해 가는 지혜가 필요하다.

이제부터 우리가 노력해야 할 부분은 한일 간에 '아주 낮은 수준의 합의' 에서 '구체적이고 실천적인 합의' 로 이끌어내기 위한 다차원적인 설득과 제도적인 장치를 마련하는 것이다.

우선 셔틀 외교를 복원해야 할 것이다. 그리고 방식도 바꾸어야 할 것이다. 셔틀 외교에 종합적인 문제를 해결하기보다는 하나의 쟁점을 해결하는 방식으로 실용적인 외교로 바꾸어야 할 것이다. 현재 간헐적으로 이루어지고 있는 한일 정상 간 '셔틀 외교' 가 명실상부한 형태로 협력의 장으로 거듭나야 한다. 한일 정상 간은 셔틀 외교를 할 때마다 선언이나 과거사에 대해 부담을 느끼는 경우가 많다. 앞으로 한일정상회담은 국제질서를 만들어 가는 전략적 대화로서 위치지워져야 하며, 한일 비전그룹이 작성한 '한일 비전 보고서' 가 채택되고 정치적 힘을 가지는 장이 되어야 한다. 즉 정상외교를 한일 비전그룹의 정책적 제언을 확인하고 실천하는 정치적 장으로 활용해야 한다는 것이다.

둘째, 최근의 독도 부근을 둘러싼 일본의 대응은 한일 간에는 분쟁이 일상화될 수 있다는 것을 예고하고 있다는 점에서 영토문제를 축소 관리하기 위한 양국의 정치적인 선언이 필요할 것이다. 정치적인 쟁점이 되지 않도록 서로 노력한다는 정치적인 선언은 일본을 위해서도 긍정적이라는 것을 설득시켜야 할 것이다. 독도문제가 영토문제의 쟁점이 되지 않고 기술적으로 해결을 위한 합의는 이전보다 훨씬 어렵게 되고 있는 것도 사실이다. 그렇지만 단호하고 극단적인 대응은 한일관계에서 더 이상의 대응이 될 수 없으며, 우리만의 감정 카타르시스에 불과할 가능성이 높다. 일본의 국내사회와 정치의 변화를 고려하면서 한국의 외교가 다양한 정책을 펼치기 위해서는 먼저 정부 내의 역할 분담을 고려해 보아야 한다. 노무현 정부처럼 청와대가 강변 일변도로 나아가는 것은 좋지 않다. 이렇게 되면 한국의 정책 선택의 폭을 스스로 줄이는 결과를 가져오기 때문이다. 또한 앞으로는 독도에 대한 철저한 대응 시나리오를 만들어야 할 것이다. 준비 없이 큰소리로 일본을 비난하기보다는 철저한 법적 준비와 만일의 경우를 대비한 여러 가지 시나리오를 적극적으로 검토하는 관민협동체제를 형성해야 할 것이다. 국내적으로는 동북아 역사 재단이 원할한 활동을 해 일본에 대한 장기적이고 지속적인 계획을 수립해야 할 것이다.

셋째, 야스쿠니 신사 참배 문제에 대해서는 아소다로 총리가 제3의 추도시설을 추진할 수 있도록 정치적인 환경을 만들어야 한다. 아소다로 총리 재임 중에는 일본 국내에서 새로운 추도시설에 대한 논의가 적극적으로 나타날 수 있으며, 경우에 따라 A급 전범의 분사에 대한 논의도 더욱 더 활발하게 전개될 수 있다. 문제는 지금까지 한국이 주장해 왔던 제3의 추도시설을 고집하게 되면 오히려 현재 일본의 전향적인 움직임이 의도되지 않는 역풍으로 나타날 가능성이 존재한다. 이 점에서 새로운 추도시설과 A급 전범 분사 문제에 대해 한국은 전향적인 메시지를 보내면서 일본 국민들이 해결할 수 있도록 해주어야 할 것이다. 이는 정부가 나서서 메시지를 전달하기보다는 학자들과 정치가들이 이것을 자연스럽게 전달하는 방법을 찾아야 할 것이다. 현재 중국은 야스쿠니 신사 문제에 대한 강경한 자세를 취하고 있지만 언제 일본과 타협을 할 것인지 알 수가 없다. 이에 대비해 한국은 일본에게 여러 경로를 통해 한국의 기준을 명확히 할 필요가 있다. 또한 야스쿠니 신사 문제의 해결은 일본이 동북아에서 화해를 이루고 일본의 역할을 새롭게 할 수 있다는 인식이 전제되어야 할 것이다. 즉 야스쿠니 신사 문제 해결을 한국이나 중국의 요구에 떠밀려 하기보다는 일본이 스스로 이에 대한 논의를 적극적으로 추진해 일본 정부가 평화를 만들어 간다는 이미지를 만들어 주어야 할 것이다. 앞으로 21세기에 동북아에서 일본이 진정한 미래를 위해 열린 자세를 가지며, 국제사회에서 공생공영하겠다는 자세를 가질 수 있도록 일본을 유도하는 자세가 필요하다.

넷째, 역사 교과서 왜곡과 독도문제를 분리해 대응해야 할 것이다. 역사 교과서 문제에 대한 대응의 초점을 독도문제에 두게 된다면 일본 내의 양심세력과의 연계는 어려울 가능성이 높다. 독도문제는 영토문제이기 때문에 일본 내 양심세력이 존재하기 어려울 뿐만 아니라, 이들이 목소리를 내면 오히려 한국의 사주를 받은 세력으로부터 공격을 받아 교과서 왜곡의 문제가 엉뚱한 방향으로 비화되어 우리의 정당한 비판이 잘못 전달될 수 있다. 따라서 독도문제와 역사 교과서 왜곡을 분리시켜 대응해야 하며, 교과서 문제는 역사왜곡에 집중해 일본의 문제점을 제기할 필요가 있다. 2001년도 우익 교과서 문제 때는 한국 정부가 문제가 된 구체적인 항목을 지적하며 일본 정부에 수정을 요구한 적이 있었지만, 일본 정부로부터 일본 역사학계와 한국 역사학계의 차이로 치부됨에 따라 별다른 성과를 얻지는 못했다. 따라서 후소샤의 우익 교과서 문제점을 역사논쟁으로 이끌어 갈 것이 아니라, 인류 보편의 윤리로 그들의 잘못된 점을 지적해야 할 것이다.

이를 통해 현재 확산되고 있는 우익 교과서의 정치운동이 일본 앞날의 걸림돌이 될 것이라는 점을 분명히 할 필요가 있다. 또한 한국 정부는 '한일역사공동위원회'를 새롭게 개편해 한일 공동의 역사 교과서를 만들 수 있도록 노력해야 할 것이다. 한일역사공동위원회의 성과는 한일 간의 인식차를 다시 한 번 확인하는 데 그침으로써 우익 교과서 문제에 대해 효과적으로 대응할 수 없었다. 앞으로는 역사 교과서에 대한 직접적인 해결을 위해 한일역사공동위원회가 발전적으로 개편되어야 할 것이며, 이들의 작업이 국제적인 홍보와 함께 진행되어야 할 것이다. 역사 교과서의 개선은 유네스코 등의 국제기구에서도 의제로 부각되고 있는 주요 사안이므로 한국정부는 평화, 인권, 민주, 협력 등의 보편적 가치를 지향하는 국가나 국제기구와 연대해 이 문제를 풀어갈 수 있도록 '한일역사공동위원회'를 개편해야 할 것이다. 한일정상회담에서 합의한 제2기 한일역사공동연구위원회 산하에 교과서 위원회를 신설해 그 연구결과를 양국 교과서에 반영하도록 해 한일 공동 교과서를 만드는 첫걸음으로 만들어야 할 것이다. 한일 공동 교과서의 작업은 일본의 역사인식의 수정작업에만 국한되지 않는다. 물론 일본 내에서도 많은 비판에 직면할 것이며, 특히 정부의 개입에 대한 일본 학계와 국민들의 반대를 설득하지 않으면 안 될 것이다. 이와 동시에 한국도 일본에서 제기하고 있는 한국 교과서의 반일문제에 대해서도 적극적으로 노력하는 자세를 가져야 할 것이다.

이처럼 과거사에 대한 축소지향적인 관리 시스템을 형성하는데 현재의 아소다로 정권은 긍정적인 역할을 할 것임에 틀림없다. 그렇지만 한국은 아소다로 정권에 너무 많은 기대를 걸어서는 안 될 것이다. 앞에서 살펴본 바와 같이 지금까지 한일관계의 사이클을 돌이켜 보면 한일 간에는 새로운 정권이 들어설 때마다 한일관계를 획기적으로 발전시키고자 하는 의욕이 앞섰다. 그래서 정권 초기에는 한일협력을 위한 다양한 정책이 나오지만, 점차 일본의 망언이나 역사 교과서 문제 등이 빈출하게 되면서 그 의욕은 상대방에 대한 불신으로 변화되었다. 이결과 정권 말기가 되면 다시 예전처럼 한일 간 갈등이 첨예하게 나타나고 서로를 무시하거나 배신감을 가지게 되었다. 이제는 이러한 한일관계의 갈등 사이클에서 벗어나야 할 것이다. 그러기 위해서 한일관계를 정권 초기부터 냉철한 원칙과 이익이 공유되는 전략적인 관계로 만들어야 한다. 그것은 한번에 한일관계를 획기적으로 바꿔나가겠다는 과욕을 버릴 때 가능하다.

IV. 동아시아 국제질서에 대한 한일의 전략적 공유

한일 양국이 동아시아 질서를 구축함에 있어 어떠한 전략적 이점이 있으며, 이것이 동아시아 질서에 어떠한 영향을 가져올 것인가에 대한 전략적인 공유가 없이는 한일 양국의 갈등은 피할 수 없을지도 모른다. 냉전기의 한일관계에서 주요한 쟁점은 첫째 역사 과거사 문제, 둘째 대일 적자 문제라고 볼 수 있다. 그렇지만 현재 첫째 역사 과거사 문제는 구체적인 사안으로 역사인식(교과서 문제)과 야스쿠니 문제로 구체적인 쟁점으로 변화되고 있으며, 둘째 2005년부터 첨예하게 대립하기 시작한 영토문제와 EEZ 교섭문제와 셋째 북핵문제 해결을 포함한 국제질서에 대한 인식의 갭이 주요한 쟁점으로 나타나고 있다. 문제는 이들 간에 쟁점은 양국이 서로 동일한 형태로 쟁점을 인식하기보다는 서로의 전략적인 위치가 줄어들면서 상대방에 대한 접근도 달라지고 있다는 점이다.

앞으로 예상되는 동아시아의 국제질서는 첫째 미중관계가 갈등관계로 발전할 것인가 협력관계로 발전할 것인가, 둘째 중일관계가 협력적인가 갈등적인가에 따라 많은 영향을 받을 가능성이 높다(이상현 편, 2006). 중국과 미국은 지역적 차원에서 많은 이익을 공유하고 있지만 양국이 쉽게 합의에 도달하기 어려운 문제들도 존재한다. 북핵문제, 타이완 문제, 그리고 에너지 문제 등의 사안에서 전략적인 이익이 충돌하고 있으며, 동시에 가치, 규범, 그리고 상호 인식의 측면에서도 양국이 갈등할 수 있는 요인이 존재한다. 또한 중일관계에서는 경제적인 상호 의존이 확대되어 양국 간의 협력이 심화될 가능성이 높지만, 안보문제에서는 중국의 부상에 대한 일본의 군비확장, 타이완 문제에 대한 중국의 세력 확대가 급격히 진행될 경우 일본과의 관계는 갈등으로 치달을 가능성이 높다.

한일 양국의 가장 바람직한 동아시아의 시나리오는 포괄적 다자주의가 될 것이다. 미국은 대중협력 노선을 통해 동아시아 공동체를 형성해야 하며, 일본은 중국을 적극적인 동반자로 인식해야 할 것이다. 한국에게는 가장 이상적이지만 일본도 동아시아 공동체를 형성하면서 적극적인 평화를 유지한다는 점에서 별로 싫지 않은 시나리오이다. 따라서 한일 양국이 지향해야 할 공동 미래는 자국의 평화와 번영을 확보하면서도 상대국의 평화와 번영과도 연계되는 "공생공영의 아시아 공동체"이다. 한 마디로 한국과 일본은 민주적이고 평화로운 공동 번영체 창출(democratic, peaceful and prosperous community building)을 위해 적극적으로 파트너십을 형성해 나가야 한다(진창수 편, 2006).

그렇다면 동아시아의 포괄적 다자주의에서 한일협력은 어떠한 의미를 가지게 될 것인가? 첫째, 한일 양국은 미국에 대해서도 일정한 교섭력을 가짐으로써 동아시아 질서를 유지하는 데 공헌할 수 있다. 포괄적인 다자주의 질서 속에서는 한국과 일본에게 미국과 같은 대등한 권력정치가 주어진다고는 할 수 없다. 한일 양국은 국제정치에서 대국과 같은 단독 전략을 가질 수 없지만 미국에 대한 공통된 대응과 위치 설정이라는 중요한 문제를 안게 된다. 미국과의 균형을 유지하는 것이 쉽지만은 않기 때문에 한일 양국은 일상적인 외교에서 공통된 인식으로 '미국문제'를 논의하고, 경우에 따라서는 공동으로 미국에게 조언할 수 있는 자세가 양국에게 이익을 가져다 줄 것이다. 한일 양국의 공동 목표 및 전략은 미국을 포괄할 수 있는 것이어야 하지만 미국의 질서에 일방적으로 함몰되는 방식보다 이슈를 중심으로 한 유연한 협력 방식일 필요가 있다. 따라서 한일 양국은 미중관계에서 미국 외교가 중국의 입장을 취할 때 전략적 협력관계를 형성할 수 있어야 할 것이다(添谷芳秀, 2005).

둘째, 중국과의 관계에서 한일협력도 중요한 전략적 의미를 가진다. 포괄적인 다자주의를 유지하는 조건이 미중관계의 갈등을 관리하는 차원에서도 한일 간의 전략적인 공조는 중요하다. 특히 앞으로 중국은 경제성장과 더불어 내셔널리즘이 점차 강화될 것이며, 이때 한일협력은 동아시아 질서를 유지하는 중요한 요인이 될 것이다. 만약 현재의 추세대로 중국이 계속 성장하게 된다면 세계적으로 에너지 문제에 대한 심각한 갈등이 유발될 가능성이 높다. 이 점에서 자원이 부족한 한일이 협력해야 할 부분이 많을 수밖에 없다. 안보 이외의 경제적인 측면에서도 한일의 전략적인 협력은 중요한 의미를 지닐 것이다. 현재 한국은 중국과의 관계에서 무역흑자를 보고 있지만 몇 년 내에 한국의 대중 경쟁력은 약화될 가능성이 높다. 중국은 아직도 공산주의 체제를 유지하고 있기 때문에 시장경제를 활성화시키기에는 많은 제약이 따를 수밖에 없다. 따라서 한국의 안정적인 경제 파트너로서 중국의 앞날은 아직 명확하지 않다. 또한 한중 간의 무역에서도 앞으로 제조업 분야의 값싼 노동력으로 인해 가격경쟁력 측면에서 한국의 경쟁력은 약화될 수밖에 없다. 이 점에서 한국은 첨단기술을 개발하고 발전시켜야만 중국 시장을 확대시킬 수 있을 것이다. 이 점에서 일본과의 경제협력은 중요한 의미를 지니고 있으며, 앞으로 일본과의 경제협력은 한국의 시장 확대와 경제성장과 연관되어 중요한 의미를 지닐 것이다. 또한 이러한 안보와 경제부분 이외에도 시민사회의 교류를 통한 환경협력도 중요한 전략적인 가치를 가질 것이다. 한일 교류는 앞으로도 점차 발전되어 한중일 경제협력과 시민공동체를 만들어갈 기반을 제공해 줄 가능성이 높다.

앞으로 한일 양국이 공동의 미래를 설계해 국제질서에서 협력을 강화시키기 위해서는 한일협력이 쌍방의 국가이익을 극대화하는 전략이라는 인식의 전환이 필요하다. 이 점에서 양국이 공유한 부분을 넓히고 심화시켜 가는 동시에 공동의 이익과 목표를 확대해 가는 노력 없이는 포괄적 협력관계의 구축은 어렵다. 포괄적 협력관계를 통한 한일 양국의 공동 이익의 창출은 양국의 공동 번영과 동반자적 평화질서가 기반을 이루는 적극적 평화여야 하며, 단순히 양국관계 및 지역질서에 한정되지 않고 국제사회에서의 존재감의 강화와 소프트 파워 향상을 위한 적극적 연계로까지 이어져야 할 것이다.

이 점에서 한일 간에는 현안을 해결하기 위한 전략적 대화가 활성화되어야 할 것이다. 한일 간의 현안문제 해결 및 협력에 있어 과거 양국 정부 간 공식적 거론 · 협의가 어려운 사항 등이 있을 경우, 한일의원연맹, 한일협력위원회, 한일친선협회를 통해 교섭하고 정부 간 협력을 막후 지원하는 기능을 수행했지만 현재는 이러한 기능이 약화된 상태이다.[1] 따라서 현재 정치권의 변화와 동향을 반영할 수 있는 전략적인 대화의 채널이 필요하다. 이 점에서 한일 정치권을 이어주는 대화를 새롭게 신설할 필요가 있다. 특히 북핵문제에서는 우선적으로 한일 양국 간 '안보전략 대화'가 적어도 장관급 레벨에서 이루어질 필요가 있으며, 필요하다면 분과위원회 등을 통해 민관이 함께 지혜를 짜고 전략적 인식을 조정해 가는 노력을 기울여야 한다.

1) 현재 한일 양국 정치권의 세대교체가 빠르게 진행되어 원로 지도층 간에는 네트워크와 정치적인 영향력의 한계가 노정되고 새로운 세대 간에는 의사소통의 장벽, 인맥 부족 등에 따른 교류 및 정책협의 활동에 제약이 있는 것이 사실이다.

참|고|문|헌

경기개발연구원.『동아시아 시대 새로운 외교지형의 구축』. 경기개발연구원. 2006.

박철희 감수.『동아시아지역공동체 창출을 위한 한일협력』. 동아시아재단. 2006.

세종연구소 엮음.『한국의 국가전략 2020』. 세종연구소. 2006.

이상현 편.『한국의 국가전략 2020 : 외교』. 세종연구소. 2005.

진창수 편.『한일미래비전회의 보고서』. 세종연구소 일본연구센터. 2007(Forthcoming).

진창수 편(1).『제1차-3차 한일정책대화 보고서』. 세종연구소 일본연구센터. 2006.

진창수 편(2). "배타적경제수역(EEZ) 교섭 : 적극적 갈등 관리 정책에 대한 단계적 고려."『정세와 정책』. 세종연구소. 2006.

添谷芳秀.『日本の「ミドルパワー」外交』. ちくま新書. 2005.

岡崎久彦.『なぜ, 日本人は韓國人が嫌いなのか』. WAC文庫. 2006.

若宮啓文.『和解とナショナリズム』. 朝日新聞社. 2006.

제1장

한미동맹과 미일동맹의 조정

한국 안보를 위한 함의

이상현(세종연구소)

I. 머리말 : 동맹조정의 배경과 동인

한미동맹과 미일동맹은 미국의 아시아 전략의 두 가지 핵심 축이다. 미국은 아시아 · 태평양 국가로서 오래 전부터 동북아 지역에 관여해왔다. 미국은 세계 최대의 해양국으로서 서반구에 위치하고 있지만 광대한 태평양에서 영향력을 유지하기 위해서는 동아시아 연안 지역에 우호적이고 유용한 기지를 필요로 한다. 미국은 제2차 세계대전 이후 공산세력의 극동 팽창을 저지하기 위해 한국전에 개입한 이래 동아시아 지역에 상당히 중요한 의미를 부여해 왔다. 미국의 아시아에 대한 일반적 전략 개념은 미 국방부가 발간하는 동아시아 전략보고서(East Asian Strategy Reports, 이하 EASR)를 통해 개략적인 윤곽을 발견할 수 있다. EASR을 통해 본 미국의 대아시아 전략은 1990년대 초에는 아시아 지역에 전진배치된 미군의 감축을 예고했으나 1995년 보고서에서는 동 지역에 10만 명의 미군을 계속 주둔시키고 아시아 지역 우방과 안보책임을 분담할 것을 천명하고 있다.

가장 마지막으로 발간된 1998년 EASR의 기조는 1997년판 『4년 주기 국방태세점검(Quadrennial Defense Review, 이하 QDR)』에서 언급된 'Shape, Respond, and Prepare,' 즉 전 세계적 관여를 통해 우호적 안보환경을 조성하고, 모든 형태의 위기상황에 즉각 대응하며, 불확실한 미래에 미리 대비한다는 기본 방향을 반영하고 있다.[1] EASR 보고서에 나타난 미국의 대아시아 전략 기조는 단순히 미군을 주둔시키는 것 이상(Presence Plus)의 '포괄적 관여(comprehensive engagement)'라 할 수 있다.[2] EASR은 아시아 지역에 대한 미군의 일차적 임무가 지역 차원의 위협에 대한 억지력으로 기능하는 것이라고 규정하고, 미군의 가시적 주둔이 미국의 방위공약과 이익에 대한 확고한 표시라고 지적했다. 이러한 억지기능 외에 미군의 아시아 주둔은 도전세력의 등장을 허용하지 않는 안보환경의 조성에 중점을 두고 있다. 1997년 QDR은 2015년 이전에 하나 이상의 지역 패권국이 등장해 군사적으로 미국의 국익을 위협하게 될 가능성이 있다고 진단한 바 있다. 이 지역의 미군은 아시아 지

1) William S. Cohen, *Report of the Quadrennial Defense Review*, May 1997 (http://www.defenselink.mil/pubs/qdr/ 검색일 : 2008년 10월 16일).

2) U.S. Department of Defense, *The United States Security Strategy for the East Asia-Pacific Region*, 1998 (http://www.defenselink.mil/pubs/easr98/easr98.pdf 검색일 : 2008년 12월 28일). 미국의 동아태 전략에 대한 개괄적 논의는 이상현, "미국의 동아태 전략과 한미동맹 : 변화와 연속성," 이상현 편, 『한미동맹 로드맵 : 비전 · 쟁점 · 전략』(성남 : 세종연구소, 2008) 참조.

역에서 아직 청산되지 못한 역사적 앙금을 완화시켜 잠재적 충돌 위협을 감소시키고 분쟁의 평화적 해결에 기여하고 있다. 이러한 전반적 목표를 위해 미군의 전진배치와 적극적 관여는 매우 중요한 위치를 차지한다. 미국의 대 아시아 전략은 이처럼 억지력으로서의 기능과 미군의 주둔을 통해 미국에 우호적인 안보환경을 조성하는 데 역점을 두고 있다.

동아시아에 대한 최근 미국의 전반적 전략을 이해하려면 우선 부시 행정부의 일반적 안보전략에 대한 이해가 선행되어야 한다. 부시 행정부의 외교안보전략은 2005년 3월에 새 국방전략 보고서가 발표되고 2006년 2월에 4년주기 국방태세점검 보고서(Quadrennial Defense Review Report)가 발표되면서 그 윤곽이 더욱 뚜렷해졌다. 추세의 핵심은 군사외교의 전반적 변환(transformation)을 통해 21세기의 새로운 위협인 테러에 대비해 전면적인 반테러전 체제를 갖추겠다는 것으로 요약된다. 미국은 9·11 테러 이후 본격적인 군사변환과 변환외교를 추진 중에 있으며, 그 일환으로 전 세계 미군의 해외주둔을 조정하는 GPR(Global Defense Posture Review) 계획을 실행에 옮기고 있고, 그 연장선상에서 주한미군 및 주일미군의 재편을 추진 중이다.

미국 GPR의 근원은 냉전 직후부터 미 국방부가 연구해 온 군사혁신과 군변환이다.[3] 군변환은 군사혁신을 구체화하는 과정으로서 적

3) 미국의 군사변환에 대한 자세한 논의는 이상현, "미국의 군사변환전략 : 기원, 성과, 평가," 『국가전략』, 제13권 3호(2007 가을호) ; 박기련, "미국의 군사변환과 그것이 한미동맹에 주는 함의 : 21세기 미군의 범지구적 통제력의 영향을 중심으로," 『국제정치논총』, 제47집 1호(2007) 등 참조.

어도 두 가지 의미를 지니는 것으로 볼 수 있다. 첫째는 첨단 정보과학 기술을 응용해 산업사회 군사력을 정보화 사회 군사력으로 전환하는 것을 말한다. 이를 통해 첨단 지휘자동화체제인 C4ISR, 원거리 정밀타격, 네트워크, 유연성, 파괴력 향상 등이 구현된다. 둘째는 냉전기 군사태세를 탈냉전기 군사태세로 전환하는 것이다. 탈냉전기의 새로운 위협요인인 테러, WMD 확산 등에 대처해 미군의 군사태세를 바꾸되 전진배치 위주의 고정된 군사력 운용에서 기동 위주로 전환하며, 그 일환으로 동맹국 관계와 해외주둔정책을 변화시키는 것이다. 더 나아가 군변환은 미국의 글로벌 차원 방위태세를 전반적으로 재검토하고 재편하는 것을 의미하며, 여기에는 미 군사력의 유형, 소재지, 역량 및 동맹관계 등을 전반적으로 업데이트한다는 개념까지 포함된다. 군변환 구상 하에서는 향후 미국의 군사전략 중점이 바뀌는데, 보다 다양한 불확실성에 신속 대응하고, 한곳에 고정된 군사력 배치에서 임무에 따른 순환배치를 중시하며, 숫자보다는 능력에 중점을 두고, 지역적 관점이 아니라 글로벌한 관점에서 미군을 전략적으로 운용하게 된다. 앞으로는 미군이 배치된 장소에서 싸울 가능성이 거의 없기 때문에 유사시 필요한 곳은 어디든지 신속 파견할 수 있는 능력이 요망된다.[4] 96시간 내 세계 분쟁 지역 어느 곳이라도 신속파견을 목표로 미 육군이 추진 중인 스트라이커 여단 개편이 좋은 예이다. 그러한 군변환 연장선상에 있는 것이 바로 지금 논의되는 GPR이고, 그 일환으로 독일, 일본, 한국의

4) Douglas J. Feith, Under Secretary of Defense for Policy, "Transforming the U.S. Global Defense Posture," remarks at the Center for Strategic and International Studies, Washington, DC, Wednesday, December 3, 2003.

미군이 재조정되는 것이다.

GPR에 따르면 전 세계 미군 기지는 기능과 중요도에 따라 재분류되어 전반적으로 재편될 예정이다. 가장 중요한 기지는 전력투사거점(Power Projection : HubPPH)으로 대규모 병력과 장비의 전개 근거지이다. PPH는 해외에도 있을 수 있지만 주로 하와이와 플로리다, 괌 등 미국 내 기지이며, 미 국방부는 일본도 PPH 후보지로 검토하고 있다. 다음으로는 주요 작전기지(Main Operating Bases : MOB)로 초현대식 지휘체계를 갖추고 대규모 병력이 장기 주둔하는 상설기지이다. MOB는 평소에 미군의 훈련을 지원하며 인근국가와 안보협력 관계를 유지하는 기능을 한다. 전방작전거점(Foward Operating Sites : FOS)은 유사시에 대비한 시설은 갖추되 상주병력은 소규모로 한 기지이며, 마지막으로 협력적 안보지점(Cooperative Security LocationsL : CSL)은 소규모 연락요원이나 훈련장 시설만 최소한으로 유지하는 기지이다. 미국 측은 GPR이 시행될 경우 오산 · 평택의 주한미군 기지는 MOB 혹은 PPH와 MOB의 중간 단계 정도가 될 것이고, 이 경우 주한미군의 규모가 지금보다 축소될 것으로 예상하고 있다.[5)]

미일동맹의 경우 이미 상당 부분 조정을 완료한 상태로 알려져 있다. 한국 역시 미 2사단 이전배치 및 용산 기지 이전 등 큰 사안들은 이미 합의되었고, 다만 한국의 경우 향후 전시작전통제권 전환에 따른 한미연합사 해체, 한반도 평화체제 논의과정에서의 유엔사 위상변경

5) GPR 관련 논의는 이상현, "1945년 이후 미국의 세계 군사전략과 주한미군 정책의 변화," 한용섭 편, 『자주냐 동맹이냐 : 21세기 한국 안보외교의 진로』(서울 : 오름, 2004), pp. 182-188 참조.

문제 등 일본에 비해 파괴력 높은 주요 현안들이 남아 있다. 한미 양국은 미래동맹정책구상회의(FOTA)에 이어 안보정책구상회의(SPI)에서 3대 의제(포괄적 안보상황 평가, 미래 지휘관계, 동맹의 미래 비전 연구)를 논의하고 있으며, 이 중 동맹의 미래 비전은 아직까지 큰 진척이 없는 상태이다.

이러한 저간의 사정을 염두에 두고 본 연구에서는 한미동맹과 미일동맹의 조정과정을 비교 · 분석하고, 한국에 적용 가능한 미일동맹 조정과정의 교훈을 도출함으로써 한미동맹의 성공적 조정을 완료해 미래지향적 동맹으로 거듭나기 위한 전략방향을 제시하고자 한다.

II. 한미동맹 조정현황

1. 한미동맹 조정현황 및 주요 내용

현재까지 한미 양국이 합의한 동맹 조정의 주요 내용은 주한미군 12,500명 감축, 주한미군 전력증강 투자, 10대 임무 한국군 이전, 용산기지 및 미 2사단 이전배치, 전시작전통제권 전환 합의, 주한미군의 전략적 유연성에 대한 묵시적 이해 등이다.

용산 기지 등 미군 기지 이전은 1988년부터 우리가 미국 측에 요구한 사업으로, '90년 한미 간 합의 후 일부 추진 중 이전비용 문제 등으로 우리가 중단을 요청한 후 2003년 한미 정상이 재추진에 합의했고, 2004년 12월 국회의 비준 동의, 2006년 2월 헌법재판소의 결정 등 국민적 합의와 법적 정당성을 인정받아 추진이 본격화되었다. 주한미군 재배치 계획은 양국 정부의 정치적 의지를 반영하는 동맹 재조정의 중요한 부분이며, 현재 한미동맹의 위상에 대해서는 우려가 기대보다 우세한 상황으로 전개되고 있는 현실을 감안해 차질 없이 진행되어야 할 사안이다.

주한미군 재조정 문제는 노무현 정부 당시 협력적 자주국방 논의와 동북아 균형자론이 나오면서 더욱 급물살을 타게 되었다. 한 · 미 양국은 2004년 6월에 미 측이, 2005년 말까지 이라크 지원 부대를 포함한 주한미군 12,500명의 감축을 희망한다는 기본 구상을 제시한 이후 약 4개월 동안의 공식 · 비공식 협의를 거쳐 주한미군 감축계획에 대해 최종 합의했다. 합의의 핵심적 내용은 우선 주한미군 12,500명을 2008년까지 3단계로 나누어 감축한다는 내용이다. 그와 함께 한국 측이 대북억제 긴요전력으로 중시해 온 다연장로켓포대(MLRS)와 대(對)포병레이다 등을 포함한 대화력전자산은 감축계획에서 제외해 잔류하며, 감축되는 부대의 주요 전투장비는 주한미군 개편과 연계해 조정하되, 미 육군 사전배치 재고(Army Prepositioned Stocks : APS)에 포함해 유사시 즉각 사용 가능토록 하기로 합의했다. 이 외에도 용산 기지 반환, 한강 이북 미군 기지 통폐합, 미 2사단 등 전투 관련 부대는 오산-평택 허브로 이동하며, 지원부대는 대구-부산 허브로 통합하기로 합의했다.[6)]

주한미군 감축 및 재배치는 부시 행정부가 9 · 11 테러 이후 반테

6) 국방부, "주한미군 감축협상 결과," 국방부 보도자료(http://www.mnd.go.kr), 2004년 10월 7일.

러·반확산을 전략기조로 채택하고, 그에 따라 미군의 태세를 붙박이형 군대에서 신속기동대응군 형태로 바꾸는 군변환(transformation)을 적극 추진하면서 본격화되었다. 새로운 글로벌 방위태세의 핵심은 반테러 전쟁과 미래의 위협에 보다 효율적이고 유연하게 대처하기 위해 미군을 필요한 곳에, 그리고 미군의 주둔에 우호적인 곳에 주둔시킨다는 것이다.[7] 주한미군 재배치는 전략적 유연성에 대한 고려를 깔고 있으며, 전략적 유연성은 미국의 세계전략에서 필수적인 요구사항으로서 한국이 거부한다고 해서 미국이 포기할 수 있는 부분이 아니다. 때문에 주한미군의 조정 및 재배치는 한국에만 국한된 문제는 아니며, 미국 세계 군사전략의 틀 안에서 이해되어야 할 문제이다.

이러한 주한미군 재배치 계획의 일부로 주한미군은 이미 2사단을 미래형 사단인 UEx(Unit of Employment X)로 개편을 완료한 것으로 알려져 있다. 미 2사단 개편의 핵심은 지상부대 중 제1여단을 중무장 전투여단(Heavy Brigade Combat Team : HBCT)으로 재편하고 항공부대로는 해체되는 항공여단 부대들을 통합해 새로운 다기능 항공여단(Multi-Functional Aviation Brigade : MFAB)을 창설하는 것이다.[8]

주한미군 개편의 또 다른 특징은 과거 사단 중심의 전투수행체계가 여단(UEx) 중심으로 변화하고, 2-3개 대대로 구성되던 1개 여단이 5-7개 대대로 증편되면서 한반도 안팎으로 전개되는 부대를 지원하는

7) 이상현, "미 군사변환의 세계전략과 동맹 네트워크," 하영선 편, 『21세기 한국외교 대전략 : 그물망국가 건설』(서울 : 동아시아연구원, 2006, pp. 63-65.
8) 미 8군 보도자료, "미 8군 변환계획(재배치) 예정대로 진행," 미 8군 공보관실(http://8tharmy.korea.army.mil), 2005년 6월 27일.

501 증원지원여단(Sustainment Brigade)이 창설될 예정이라는 점이다.[9) 주한미군의 이같은 개편 흐름은 미군의 전반적인 변환추세에 부합해 전략적 유연성을 구현하기 위한 것이라는 관측이 지배적이다. 즉 전투여단이 5-7개 대대로 증편되는 것은 한반도 이외 지역에서 벌어지는 분쟁의 유형에 따라 여단 또는 대대병력을 골라 맞춤형으로 내보내 전투임무를 수행하겠다는 의미라는 것이다. 주한미군 관계자는 1개 여단을 5-7개 대대로 확대한다는 것은 상황에 따라 전투부대를 다르게 파견한다는 의미라며 "전투부대가 경량화할수록 신속기동이 가능하다"고 말했다. 국내 전문가들도 주한미군이 전투여단 예하 대대 수를 늘리겠다는 것은 소규모 국지전과 대테러전 등에 효과적으로 신속하게 대응하려는 뜻으로 해석한다.[10)] 2008년 이후 주한미군은 오산 · 평택과 부산 · 대구의 두 거점을 중심으로 재배치가 추진중에 있다. 이들 지역은 모두 항구와 비행장을 끼고 있어 한반도 전출입에 유리하다. 이는 곧 주한미군 재배치가 미군의 원활한 이동을 상정하는 전략적 유연성을 이미 염두에 두고 이루어지고 있다는 의미로 볼 수 있다.[11)]

그동안 주한미군이 담당해 왔던 10대 주요 임무의 한국 측 전환도 완료되었다. 한미 양측은 2003년 11월 7일 '주한미군 10대 군사임무 전환 이행에 관한 합의각서'를 체결한 뒤 군사임무 전환작업을 진행해 왔다. 2008년 9월 30일, 주 · 야간 탐색구조 임무 전환을 마지막으

9) Stars and Stripes, February 14, 2006.
10) 중앙일보, 2006년 2월 14일.
11) "주한미군 2사단 미래형 사단 개편 … '몸집' 줄였지만 전력은 그대로," 중앙일보, 2005년 7월 6일.

로 주한미군이 담당했던 10대 주요 임무는 완전히 한국 측에 이양되었다.[12)]

주한미군 기지체계 조정의 경우 한국 정부는 주한미군 기지의 이전과정에 집중하기 위해 2006년 7월 25일 〈주한미군 기지이전사업단〉을 범정부기구로 출범시켜 이전과정의 투명성, 효율성, 전문성을 바탕으로 추진하고 있다. 주한미군 기지 이전은 미래지향적으로 한미동맹을 강화하고 주한미군의 안정적 주둔 여건을 마련한다는 목표 하에 양국이 오래 전부터 협상해 온 결과이다. 현재 전국에 산재한 주한미군 기지를 통폐합해 오산, 평택으로 이전하고 한강 이북에 집중 배치되어 있던 미 2사단을 이전하는 것은 여러 가지 목적을 가진 전략적 결정이다. 용산 기지 등 미군 기지 이전은 1988년부터 우리가 미국 측에 요구한 사업으로서, 90년 한미 간 합의 후 일부 추진 중 이전비용 문제 등으로 우리가 중단을 요청한 후 2003년 한미 정상이 재추진에 합의했고, 2004년 12월 국회의 비준 동의, 2006년 2월 헌법재판소의 결정 등 국민적 합의와 법적 정당성을 인정받아 추진이 본격화되었다. 미군 기지 이전사업을 통해 우리는 평택 349만 평을 비롯해 총 362만 평을 새로 제공하는 대신 서울 · 부산 · 부천 등 12개 시 · 군 5,167만 평의 땅을

12) 2002년 한·미SCM(연례안보협의회)에서 합의된 이후 추진돼 왔던 10대 군사임무 전환은 사항은 후방지역 제독작전('04. 8월) ▲ 공동경비구역(JSA) 경비 및 지원('04. 10월) ▲ 공대지(空對地) 사격장 관리('05. 8월) ▲ 신속 지뢰설치('05. 8월) ▲ 대화력전 수행본부 지휘 및 통제('05. 10월) ▲ 주보급로 통제('05. 10월) ▲ 해상 대특수작전부대 작전('06. 1월) ▲ 근접항공지원 통제('06. 8월) ▲ 기상예보('06. 12월)와 ▲ 주야간 탐색구조('08. 9월) 등이다. 괄호안의 시기는 전환 시점이다.

돌려받게 된다. 주한미군 재배치 계획은 미래한미동맹정책구상회의(FOTA)를 통해 합의된 사항으로서 양국 정부의 정치적 의지를 반영하는 동맹 재조정의 중요한 부분이다.

국방부 주한미군 기지 이전사업단은 주한미군 기지를 평택으로 옮기는 데에는 총 10조 원이 소요될 것으로 추산하고 있다. 이 중 한국이 부담하는 돈은 5조 5,905억 원이고, 미국은 우리보다 1조 1,810억 원 가량 적은 4조 4,095억 원을 부담한다. 국방부가 2007년 3월 발표한 평택 기지 시설종합계획(MP · 마스터플랜)에 따른 것이다. 우리가 부담하는 비용은 평택 기지 확장에 따른 토지매입비 1조 105억 원과 건설공사비 등에 쓰일 사업비 4조 5,800억 원을 합한 금액이다. 이 중 공사비가 3조 6,700억 원, 설계 및 사업관리비가 5,300억 원을 차지하고, 기타 4개 미군 기지를 평택 이외 지역으로 이전하는 데 3,800억 원이 드는 것으로 추산됐다. 기지 이전에 따르는 비용부담 원칙과 관련해 한국은 서울에 있는 시설과 연합토지관리계획(LPP)에 따라 우리 측이 먼저 요구한 8개 기지 시설 이전비용을 부담한다. 반면 미국은 서울 이외 지역에 있는 시설을 이전하는 비용을 부담한다. 당초 한국 측은 기지 이전비용을 기존의 미군 기지를 매각한 돈으로 충당할 계획이었다. 그러나 미군 기지가 옮겨가는 각 자치단체에서 반환 미군 기지를 무상 기증해 달라고 요구해 차질이 예상되고 있다. 가장 많은 예산을 확보할 수 있을 것으로 예상했던 서울 용산 기지도 민족공원으로 조성될 예정이어서 비용 마련이 어려울 전망이다.[13)]

13) 조선일보, 2007. 11. 14.

주한미군 기지의 평택 이전을 위한 시설종합계획(MP · 마스터플랜)은 마침내 2007년 3월 확정되어 본격적인 궤도에 오르게 되었다. 국방부는 주한미군 기지의 평택 이전에 드는 정확한 비용을 제시하지 못한 채 대략 '10조 원에 이르는 건설사업'이라고 추정했다. 이 가운데 우리 정부가 부담해야 하는 비용을 총 4조 5,800억 원으로 추산했다. 여기에 평택 기지 토지매입비 1조 105억 원을 더하면 우리 측 부담액은 5조 5,905억 원으로 늘어난다는 설명이다. 아직 확정하지 못한 C4I 이전비용과 학교시설, 병원, 복지시설 등의 비용부담은 앞으로 계속 협의해 나간다는 계획이다. 이에 따라 우리 측 부담 비용이 더 늘어날 가능성도 있다. 확장되는 평택 기지에는 약 4만 4,370명의 장병이 수용될 전망이다. 카투사(한국군 지원단) 병사 2,110명, 우리 측 장병 6,840명, 미군 1만 7,030명, 미군 및 미 공무원 가족 1만 3,670명, 미측 공무원 4,720명 등이다. 총 349만평의 확장 부지 가운데 연면적 100만 평에 500개 동의 건물이 들어선다. 본부 · 행정시설(85개 동), 교육훈련시설(9개 동), 정비시설(33개 동), 보급저장시설(63개 동), 병원시설(5개 동), 독신자 숙소 · 식당(96개 동), 가족 주택(89개 동), 커뮤니티 시설(89개 동) 등이다.[14)]

하지만 아직 남은 과제가 산적해 있다. 한 · 미는 미군 평택 기지의 MP에 합의하고서도 기지 이전 완료 시점은 답을 내놓지 못했다. 한 · 미는 당초 2008년까지 이전을 완료한다고 합의했지만 평택 주민

14) "미군 기지 이전 시설종합계획(Master Plan) 작성," 국방부 보도자료, 2007. 3. 20.

의 반대와 비용 분담 이견 때문에 4-5년 지연이 불가피한 만큼 이전 완료 시점은 2011-2012년쯤이 될 것으로 관측된다. C4I 이전비용과 학교 · 병원 · 복지 시설 등의 이견도 크다. MP 작성을 무작정 미룰 수 없어 이들 4개 부문을 지속적으로 협의해 나간다는 전제 아래 MP를 작성 발표했지만 양측 간 이견이 여전하다. 우선 C4I 비용과 관련해 미 측은 당초 건물건축비를 제외한 C4I 장비와 관련 시스템 비용으로 3,800억 원을 한국 측이 부담해야 한다고 제시했다. 하지만 우리 측은 C4I 이전비용을 더 줄일 수 있다고 맞서는 상태이다. 학교 건물과 병원 규모도 쉽게 매듭짓지 못할 것으로 보인다. 5조 5,905억 원에 달하는 우리 측 재원조달 방안 또한 난제다. 국방부는 정부 예산이나 국채 발행, 차입 등을 통해 소요 예산을 선집행한 뒤 미군으로부터 반환받는 기지를 매각해 비용을 충당할 예정이다. 하지만 상당수 지방자치단체들이 지역발전을 위해 반환 예정지의 무상 제공을 요구하고 있어 재원조달이 쉽지 않을 것으로 전망된다.[15]

이러한 우여곡절을 겪고 평택 미군 기지는 2007년 11월 13일 기공식을 갖고 '5년 대역사(大役事)'에 마침내 시동을 걸게 되었다. 이로써 1987년 말 당시 노태우 대통령 후보가 용산 기지 이전 공약을 내세운 지 20년 만에 서울 용산과 경기 북부 등지에 흩어져 있던 주한미군을 한데 모으는 대역사가 시작된 것이다. 평택 기지는 현재 548만m² 규모인 캠프 험프리즈를 모체로 대추리 · 도두리 지역 등을 추가로 매입, 1,489만m² 규모로 조성된다. 전체 기지의 86% 가량을 2사단이 주로

15) 세계일보, 2007년 3월 20일.

차지하고, 나머지를 용산 기지 측에서 사용한다. 유엔군사령부, 주한미군사령부, 미 8군사령부 등 용산 기지 내의 사령부는 물론 미 2사단 사령부, 제1중(重)여단전투팀(HBCT) 본부 등 주한미군의 주요 야전부대도 옮겨올 예정이다. 그렇게 되면 평택 기지가 오산 기지를 능가하는 명실상부한 주한미군의 허브(중심축) 역할을 하게 될 것이다. 2011년 말쯤이면 주한미군사령부는 '미 한국사령부(US KORCOM)'로 명칭이 바뀔 것이다. 평택 기지의 가장 큰 장점은 인근에 해군 2함대 기지가 있고 기지 내 활주로를 활용할 수 있다는 점이다. '전략적 유연성'에 따라 주한미군이 한반도 '붙박이군'에서 탈피, 평택 기지의 하늘과 바다로 드나들며 동북아 분쟁과 전 세계 대테러전에 신속히 투입될 수 있는 기동군으로 탈바꿈하는 거점이 된다.[16)]

현재로서는 미군 기지 이전사업이 양측이 합의한 대로 큰 차질 없이 진행될 예정이지만 주한미군 재배치에 반대하는 현지 주민 및 시민단체의 조직적인 반대운동을 극복하고 재배치에 필요한 적절한 비용조달을 국민적 저항감 없이 실행하는 것이 중요한 과제가 될 것으로 보인다. 주한미군 재배치 문제가 원만히 해결되지 않을 경우 불필요하게 반미감정이 고조되는 부작용이 우려되며, 반미감정 고조는 결국 미국의 반한감정으로 연결되어 한·미 양국 모두에게 큰 손실로 이어질 것으로 예상된다.[17)] 이미 일부 시민단체에서는 주한미군 기지의 확장 이전에 반대의 목소리를 높이고 있다. 이들은 '한반도 평화체제'가 가

16) 조선일보, 2007년 11월 14일.
17) 이상현, "주한미군 감축/재배치계획 추진현황 및 발전방향," 한국전략문제연구소(KRIS) 정책토론회 보고서(2006. 5), pp. 8-9.

시화되면 주한미군 추가 감축 가능성이 커지기 때문에 평택 기지 확장을 중단하고 한미 간 전면 재협상을 해야 한다고 주장한다.[18] 미군 기지 이전 재배치 문제가 국책사업으로 확정된 이상 이를 국방부와 현지 주민들 간의 싸움으로 방치하지 말고 범정부 차원의 적극적인 개입으로 반대세력을 설득해야 할 이유가 여기에 있다.

주한미군 재배치 및 감축은 한국에게도 상당한 준비를 요한다. 특히 주한미군 감축에 따른 한국군의 전력보강 문제가 대두되어 이를 참여정부 당시 수립한 국방개혁 2020 계획과 어떻게 상호 보완되게 만들 것인지 방책이 필요하다. 국방개혁 2020안에 따르면 2020년까지 육군 17만 7,000명, 해군 4,000명 등 18만 1,000여 명을 감축해 총 병력을 50만 명 수준으로 유지하고, 예비군도 300여 만 명에서 150여 만 명 수준으로 줄어들게 된다. 하지만 병력은 줄어도 전력지수는 현재보다 1.7–1.8배 증강되며, 특히 육 · 해 · 공 합동작전력 제고를 위해 합참이 강화되는데, 이는 장기적으로 전시작전권 환수나 한미연합체제 변화에 대비해 합참의 전쟁기획 · 수행능력을 높인다는 취지라고 한다. 세부적으로는 전투력 강화를 위해 육군의 편제가 첨단 미래형 부대로 개편되는데, 국방개혁이 이루어지면 현재의 육군사단과 군단은 미국의 미래형 부대인 UEx, UEy와 유사하게 개편될 예정이다.

문제는 국방개혁안에 병력감축에 따른 전력약화를 보완할 명확한 청사진이 함께 제시되지 않았다는 점이다. 무엇보다도 117만 명에

18) 평통사(평화와 통일을 여는 사람들), 보도자료(http://www.spark946.org/bugsboard/lee/index.html), 2007. 3. 22.

달하는 북한군 병력을 고려할 때 북한군 병력감축이 없는 상황에서 우리만 먼저 대규모로 병력을 줄이는 것은 위험하다. 남북한 병력의 현격한 격차는 약간의 질적 우세만으로는 극복하기 어렵기 때문에 양적 열세를 상쇄할 수 있을 정도의 전력증강과 병행해 병력을 감축하는 것이 합리적이고 안전한 순서이다. 또한 현재처럼 GDP 3%를 밑도는 수준의 투자로는 국방개혁안을 실현할 수 없다. 국방부 추산에 따르면 군 병력감축에 따른 전력증강과 무기체계 현대화에 289조 원이 필요하고 군부대 운영유지비를 합쳐 2020년까지 총 683조 원의 국방예산이 소요될 전망이다. 하지만 2005년 국방예산은 20조 8,000억 원으로 전력투자비는 7조 656억 원에 불과하며, 병력 수를 50만으로 줄여도 절약되는 돈은 10조 원에 불과하다.[19] 나머지 재원은 어디서 어떻게 조달할 것인가가 문제인 것이다.

2. 향후 일정 및 주요 현안

위에서 살펴본 주한미군의 조정과 관련해 몇 가지 중요한 사안들이 남아 있다. 첫째는 주한미군의 추가 감축 가능성 여부이다. 국민의 정부에서 참여정부를 거치는 동안 한미동맹의 역동성이 저감되면서 미국으로부터의 추가적인 감축요인에 대한 우려가 커지고 있다. 이와 관련해 전임 버웰 벨(B. B. Bell) 주한미군사령관이 당시 주한미군을 더

19) 국방부, "국방개혁 2020 (안)," 슬라이드 자료 (2005. 9) 참조.

이상 감축하지 않고 현 수준을 유지하겠다는 의사를 한국 정부에 제안한 것으로 알려졌으나 일각에서는 여전히 주한미군의 추가감군을 우려하고 있다. 벨 사령관은 2008년 1월 23일 미국 워싱턴에서 열린 한·미 안보정책구상(SPI) 회의에서 한국 측에 주한미군 병력을 당초 계획과 달리 더 감축하지 않고 현 수준인 2만 8,500명으로 유지하려 하니 한국 측이 협조해 달라고 요청했다. 한·미 양국은 2004년에 미군의 전략적 유연성을 높이려는 미국 정부의 국방개혁 일환으로 당시 3만 7,500명이었던 주한미군 규모를 단계적으로 감축해 2008년 말까지 2만 5,000명으로 줄이기로 합의했다. 이에 따라 주한미군 규모는 2004년 5,000명, 2005년 3,000명, 2006년 1,000명(당초 계획은 2,000명)을 각각 감축했으며, 2007–2008년에 나머지 3,500명을 줄일 예정이었다. 한국 국방부 측은 벨 사령관의 제안이 일반 국민의 안보 정서에 부합하고 한반도 안보에도 도움이 될 수 있다며 일단 환영하는 분위기이다. 그러나 국방부 측은 "감축 없이 현 규모가 유지될 경우 유지비용을 우리가 추가 부담해야 하는 문제가 있어 새 정부의 입장이 결정될 때까지 미국 측에 확답을 주지 못하고 있다"고 말했다.[20] 하지만 이 문제는 2008년 4월 캠프데이비드 한미정상회담에서 주한미군의 수를 2만 8,500명으로 유지하기로 합의함으로써 일단락되었다.

둘째, 한미동맹 조정에서 향후 다가올 또 다른 중요한 사안은 2012년으로 예정된 전시작전통제권 전환과 이에 따른 한미연합사 해체이다. 2007년 2월 24일 김장수 국방장관은 미 워싱턴을 방문해 로버

20) 중앙일보, 2008년 2월 4일.

트 게이츠 미 국방장관과 회담을 가졌다. 동 회담에서 무엇보다도 중요한 성과는 2006년 10월 20일 워싱턴에서 열린 제38차 한미연례안보협의회(SCM)에서 합의된 한미 연합군 전력의 미래 지휘체계 변화에 주목하면서, 오는 2012년 4월 17일에 한미연합사를 해체하고 그 대신 한미군사협조본부를 신설해 작전통제를 한국군이 주도하는 새로운 지휘관계로 전환하기로 합의한 점이다. 이를 위해 2007년 7월까지 전시작전통제권 전환 로드맵에 합의하고 이의 이행을 즉시 개시해 2012년 3월 한미 간 연합연습을 통해 전작권 전환을 완결시키기로 합의했다. 전작권 전환을 기점으로 한미연합사도 창설된 지 34년 만에 역사 속으로 사라지게 됐다. 연합사 해체는 한미 양측에게 새로운 연합방위체제를 구상해야 할 과제를 제기한다.

셋째, 전작권 전환과 밀접히 연관된 사안으로서 주한미군의 전략적 유연성 운용 가이드라인이 필요하다는 지적이 제기된다.[21] 그간 제기된 주한미군의 전략적 유연성을 둘러싼 논쟁들은 크게 2가지 범주로 나뉘는데, 하나는 주한미군의 외부로의 유출(Flow-out)과 연관된 문제제기들이고, 다른 하나는 주한미군의 유입(Flow-in)과 관련된 문제제기이다. 주한미군의 유출과 관련된 핵심 쟁점은 한미동맹의 지역동맹화에 대한 우려이다. 즉 미국의 군사변환과 해외주둔 기지 재조정 정책의 일환으로 주한미군이 개편되게 되면 주한미군은 일차적으로는 대북방위와 억제를 지원하는 일을 맡겠지만 동시에 보다 더 광범위한

21) 이에 관한 자세한 논의는 김영호, "주한미군의 전략적 유연성 운용 조건," 이상현 편, 『한미동맹 로드맵 : 비전 · 쟁점 · 전략』(성남 : 세종연구소, 2008) 참조.

역할을 수행할 수 있게 될 것이다. 주한미군의 한반도 유출이 자유로워지면 평상시 대북임무뿐만 아니라 동북아 지역 차원에서 유사시를 대비한 감시 및 정찰활동을 벌이거나 해상수송로 안전확보를 위한 군사활동 등을 보다 적극적으로 수행할 여지가 커진다. 또한 최근 관심이 커진 테러 근절과 대량살상무기(WMD) 확산 방지를 위한 대비태세와 초국가적 위협(transnational threats)이라고 불리는 마약, 조직범죄, 무기밀매, 해적, 재해재난, 환경오염 등에 대한 대응활동도 더욱 강화할 수 있을 것이다. 주한미군의 역할 종류와 활동반경 증대가 일정 수준을 넘어서게 된다면 자연스럽게 주한미군과 주일미군과의 지휘체계나 전력운용에 통합 움직임이 생겨날 수도 있다. 그래서 동북아 내지 아·태지역 전체의 한·미·일 통합사령부체제가 출현할 가능성이 거론되는 것이고, 한국군과 주한미군 간에 일종의 분업체계가 성립할 수도 있다. 그럴 경우 한국은 동북아 주변국들의 우려, 즉 한국이 미국과 함께 동북아 공세작전에 투입된다는 의혹의 시선을 받는 것이 불가피해진다. 주한미군의 전략적 유연성이 증대되면 한국은 결국 군사적으로 미국의 세계전략 추진의 전진기지 내지 중간기지로 활용되게 될 것이라는 말이다. 만약 그런 상황이 벌어질 경우에 가장 우려되는 것이 소위 역내 갈등에 연루(entrapment)될 수 있는 위험성이다.[22]

주한미군의 유입과 관련해서도 우려사항이 있다. 그 대표적인 예

22) 동맹관계에 존재하는 연루와 방기의 딜레마에 관해서는 Glenn H. Snyder, *Alliance Politics*(New York : Cornell University, 1997), pp. 180–199와 James D. Morrow, "The US and ROK Alliance : An Asymmetric Alliance over Time," *Korean Journal of Security Affairs*, Vol. 11, No. 1(June 2006), pp. 103–122 등을 참조.

가 미국의 대북 선제공격에 대한 염려이다. 전통적으로 북한에 대한 한국과 미국의 대응전략은 방어적인 것이다. 그러나 1990년대에 들어오면서 상황이 조금씩 달라졌다. 이유는 2가지이다. 하나는 북한의 핵개발로 인한 소위 "외과수술적 공습(surgical air-strike)"의 가능성이고, 다른 하나는 정권붕괴나 대량탈북사태로 인한 북한 급변사태시 대응방안 모색 때문이다. 이런 상황 외에도 역내 안정을 목적으로 한 주한미군의 전력증강 가능성은 얼마든지 있다. 정보수집을 위한 감시정찰뿐만 아니라 실제 투입을 위한 지상군 병력의 증파까지도 가능할 수 있다.

한국의 입장에서 볼 때 주한미군의 전략적 유연성에는 긍정적 측면과 부정적 측면이 동시에 존재한다. 전략적 유연성 합의로 인해 최악의 경우 우리에게 위험이 따를 가능성도 있다. 현재 거론되는 가장 큰 우려는 중국과 대만 간 분쟁이 발생할 경우 주한미군이 투입되고, 한국 내 미군 기지가 이들의 발진기지가 됨으로써 한국이 실질적으로 양안분쟁에 개입되는 경우이다. 일견 타당한 측면이 있는 주장이지만 이러한 우려는 상당 부분 과장된 것이다. 우선 중국과 대만 간에 무력분쟁이 발생해 주한미군이 동원된다는 시나리오는 현재의 미·중관계를 고려할 때 실현가능성이 매우 낮다. 또한 최악의 경우 중국-대만 간 무력분쟁이 발생한다 하더라도 실제로 주한미군이 대만분쟁에 동원될 가능성은 그리 높지 않다. 무엇보다도 주한미군은 지상군 중심으로 편제되어 작전반경에 제약을 가지고 있는 반면, 주일미군은 이미 공군과 해병 위주로 편제되어 있어 기동군적 성격이 강하기 때문이다. 이러한 이유로 아직 실현되지도 않은 위험 때문에 동맹관계를 해치면서까지 전략적 유연성을 반대할 이유는 크지 않다. 한국 입장에서 한미동맹을 유지함으로써 발생하는 연루의 위험은 동맹관계의 불가피한 비용이라고 생각해야 한다. 동맹의 이익이 있으면 대가도 따르는 법이다. 우리의 입장에서는 동맹완화, 즉 방기(abandonment)의 비용이 상대적으로 더 크다는 점을 인식할 필요가 있다.

III. 미일동맹 조정현황

1. 주일미군 재편현황

한미동맹이나 미일동맹은 한국이나 일본이 미국 본토에 군대를 주둔시키지 않고 미국만이 상대국의 기지를 제공받아 군대를 전방전개하고 있는 체제를 취하기 때문에 편무적·비대칭적 동맹의 성격을 띤다. 그런데 일본 내 기지에 배치된 주일미군은 나토나 한미동맹의 미군 병력구성과 달리 육군이 경미하고 대부분 해병대, 해군, 공군 등 기동전개 능력이 뛰어난 부대로 구성되어 있다는 특성을 갖고 있었다. 그러한 미일동맹의 병력구성은 2005년 10월과 2006년 5월에 2+2를 통해 각각 발표된 "변혁과 재편", 그리고 "재편 로드맵"을 통해 부분적인 변모를 겪게 되었다. 두 문서에 나타난 주일미군 기지 재편의 실태와 목표를 요약하면 다음과 같다.[23)]

23) "日米同盟：未來のための変革と再編"(2005년 10월 29일).

첫째, 주일미군 사령부가 요코다 비행장에 공동통합운용조정소(Bilateral and Joint Operations Coordination Center)를 설치해 자위대와 주일미군 간 연계성 및 상호 운용성을 증진하기로 했다. "변혁과 재편"은 일본 방위 및 주변 사태에 대한 억지를 위해 자위대와 주일미군 간에 상호 운용성을 유지·강화하기 위한 정기적 협의의 필요성을 강조하고 있는데, 주일미군 사령부가 설치할 공동통합운용조정소가 그러한 역할을 수행하게 될 것으로 전망된다.

둘째, 워싱턴 주에 소재한 미 육군 제1군단을 2008년까지 자마 기지에 이전시켜 작전사령부 조직으로 개편하기로 했다. 아울러 기동운용부대와 전문부대를 총괄 운용하는 육상자위대의 중앙즉응집단 사령부를 2012년까지 자마에 이전시켜 미 육군과 육상자위대 사령부 간 제휴를 강화하기로 했다. 제1군단이 이전될 경우 미 육군이 추진하는 조직개편에 따라 작전사령부(UEx)로 재편되어 그 상위의 광역사령부(UEy)에 해당하는 미 태평양군사령부의 통제를 받으면서 한반도와 타이완 해협 유사시 육군은 물론 해군, 공군, 해병대를 통합한 지휘통제를 담당하는 임무가 부여될 것으로 전망된다. 기존의 미일동맹 체제에서 상대적으로 결여되었던 지상군 전력이 대거 일본 내 기지에 이전배치되면서 중요한 전략적 역할을 수행하게 된다는 점이 이번 미일동맹 재편의 군사적 특징 가운데 하나이다.

셋째, 일본 항공자위대 항공총대사령부 및 관련 부대가 2010년까지 요코다 비행장에 이전해 미 제5공군 사령부와 공동 근무하게 되었고, 이를 통해 방공 및 미사일 방위를 위한 양 사령부 간의 제휴를 강화하고 요코다 기지에 설치될 공동통합운용조정소를 통해 센서 정보를 공유하는 체제를 구축하기로 했다. 제5공군은 향후에도 미 태평양공군

사령부의 통제 및 하와이에 새로 창설될 미 공군전투사령부와의 긴밀한 협조 속에 주일미군의 공군부문을 지휘하게 될 것으로 보인다.[24)]

넷째, 오키나와에 주둔 중인 미 제3해병대 기동전개부대는 그 사령부 및 7,000여 명의 대원이 2014년까지 괌으로 이전되고, 잔여 해병부대는 여단 규모의 해병공지임무부대로 축소된다. 이로 인해 오키나와 지역 주민들이 미군 부대 주둔으로 인해 감수해 온 부담의 상당 부분이 경감되게 되었다.

다섯째, 오키나와에 소재한 후텐마 비행기지는 보다 인구가 과소한 오키나와 북부의 슈와브 및 오우라만 해역에 2014년까지 대체시설을 건설해 이전하도록 되었다. 아울러 오키나와의 여타 미군 시설들도 점차적으로 일본 측에 반환되도록 조정되었다.

여섯째, 인구 밀집지대인 아츠기 기지를 사용해 온 FA18, EA6B, E2C, C2 항공기 등 미항모 함재기들은 2014년까지 이와쿠니 기지로 이전되도록 되었고, 이와쿠니 기지를 사용해 온 해상자위대의 EP-3, OP-3, UP-3 등의 항공기들은 아츠기 기지로 이전하게 되었다. 이로써 주일미군의 기지재편 및 향후 일정표에 관한 사항들이 미일 양국간에 일괄적으로 합의되기에 이르렀다.[25)]

현재의 주일미군 재편 협상은 2002년 미일안전보장협의위원회(2+2)에서 일본에 주둔하는 병력이나 구성에 대해 논의했던 것이 시작이다. 동 위원회에서는 국제 테러리즘이나 대량살상무기의 확산이

24) 朝日新聞, 2005년 4월 14일.
25) 박영준, "21세기 미일동맹의 변환과 일본 방위체제 변화," 『국가전략』, 제13권 2호(2007년 여름호), pp. 41-43.

라는 위협을 재인식하고, 새로운 안보환경에서 미일 양국의 역할이나 병력구성 등 방위태세 재검토의 필요성에 대해 협의할 것을 합의하면서 본격적으로 추동된 것이다.

그후 2003년 봄 미일 간에 심의관급의 방위정책재검토구상(Defense Policy Review Initiative : DPRI) 회의가 설치되어 미사일 방어, 해군전력의 바람직한 방향, 주일미군 기지의 재배치에 관한 협의가 진행되었다. 그러나 이 시기에는 단순히 아이디어를 검토하는 차원의 협의가 진행되었을 뿐 주일미군 재편에 대한 공식적인 합의가 이뤄진 것은 아니었다. 주일미군 재편이 본격적으로 논의되기 시작한 것은 한국의 경우와 유사하게 조지 W. 부시 미 대통령이 2003년 11월 해외주둔미군재배치계획(GPR)을 밝히면서부터이다. 부시 대통령의 제의에 따라 당시 럼스펠드 국방장관이 요코스카, 가데나, 후텐마 비행장을 비롯한 주일미군 기지를 시찰했고, 11월 하순 하와이에서 미일안보사무레벨협의(미니 SSC)가 개최되었다.

하지만 주일미군 기지재편 논의가 순조롭게 진행된 것만은 아니다. 주일미군 기지재편 또한 일본 국내정치와 미국의 대일정책, 그리고 일본 국내의 정치적 동향 등이 민감하게 작용하면서 조정과정이 진행되었다. 대체로 2003년 11월 GPR 계획 공표부터 2004년 9월 21일 미 워싱턴 미일정상회담에서 '주일미군의 억지력을 유지하면서 오키나와를 비롯한 기지 지역의 부담 경감을 고려한다'는 기본 원칙에 합의함으로써 본격적인 논의가 전개되었다. 당시까지 주일미군 재편 문제에 소극적이던 고이즈미 수상이 기지 부담의 경감과 억지력의 유지를 확인하면서 재편협상을 승인하게 된 것이다.[26]

주일미군 재편의 경우 특히 미육군 1군단 사령부를 캠프 자마로 이전하는 것이 미일안보조약의 극동조항에 위배되는 것이 아닌가 하는 논란이 야기되었다. 이러한 혼란이 일자 2004년 10월 도쿄에서 개최된 마치무라 외상과 파월 국무장관 간의 미일 장관급 전략대화에서 미군 재편 문제는 정세인식, 전략목표, 미일 간의 역할분담 문제에 대해 논의를 한 뒤 구체적인 개별 사안에 대해 논의하는 것으로 정리되었다.

미일 간의 전략적 협의가 진행되는 가운데 일본 국내에서도 주일미군 재편에 관한 입장을 정리하게 된다. 자민당의 안보 · 기지재편위원회는 2004년 12월 22일 주일미군 재편에 대한 일본 측의 입장을 정리해 「일본의 안전보장과 미일동맹의 장래」라는 문건을 발표했다.[27] 이후 2005년 2월 9일 워싱턴에서 개최된 미일안보협의위원회(2+2)에서 미일 양국 간 공동의 정세인식과 공통의 전략목표에 합의했다. 이어서 10월 29일에는 미일 간의 임무, 역할, 능력에 관한 합의가 이뤄졌다. 그리고 2006년 5월의 2+2 회의에서 구체적인 기지재편 청사진이 도출되기에 이른 것이다.

현재까지 진행된 추이를 종합해 보면 무엇보다도 도쿄 인근 가나가와현 자마 기지가 미 제1군단사령부 유치 결정으로 인해 아시아의 핵심 작전 허브로 격상된 것이 주목된다. 미 육군 당국자의 설명에 의하면 새 사령부는 최신 통신장비 등을 갖추고 육 · 해 · 공의 통합작전을 지휘하게 될 것으로 알려져 있다. 전진사령부는 특히 주일미군은 물론

26) 讀賣新聞, 2004년 9월 22일 ; 産経新聞, 2004년 11월 7일자 등 참조.
27) 自由民主黨政務調査會, 日美安保 · 基地再編合同調査會, 『日本の安全保障と日美同盟の將來』(2004年 12月 22日).

동북아 유사시 주한미군까지 총괄할 것으로 알려져 주목된다. 1군단 사령부 본부는 태평양에서 인도양 지역까지 관할하고 있으며, 총 병력은 4만 명 수준이다. 게다가 일본 방위성은 캠프 자마에 유사시 즉각 대응할 수 있는 육상자위대 '중앙 즉응집단 사령부'를 배치할 예정이어서 미군과 자위대 간의 상호 작전 연대도 더욱 활성화할 전망이다.

일본 언론들은 1군단 사령부 본부는 미 본토에 그대로 둔 채 캠프 자마에는 아태 지역의 군사작전을 총괄하는 전진사령부가 설치되는 것으로 설명하고 있다. 그렇다고 해도 미 육군에서 실전을 담당하는 야전부대의 전진사령부가 일본에 배치되기는 이번이 처음이다. 그전까지 자마 기지에는 후방 보급 등을 맡는 주일 미 육군사령부만 있었다. 주일미군의 이같은 변화는 주한미군이 감축되고 있는 가운데 진행돼 주목된다. 이와 관련, 일본 교토통신은 미 1군단 전진 사령부 휘하에 주한미군이 편입될 가능성이 있다고 전하기도 했다.

이와 함께 2011년까지 전체 미군의 3분의 1을 재배치하는 등 제2차 세계대전 이후 최대 규모의 병력배치 개편안을 확정했다고 뉴욕 타임스(NYT)가 보도했다. 미 육군 병력을 지금보다 7만 4,000명 많은 54만 7,000명으로 확충하고, 2003년 33개였던 전투여단도 48개 여단으로 늘어난다. NYT는 조지 W. 부시 미 대통령은 이라크와 아프가니스탄, 기타 새로운 위협에 대처하기 위해 병력을 늘리고 해외 주둔군을 재배치하는 안을 승인했다고 군 관계자를 인용해 보도했다. 재편안은 2004년 부시 대통령이 군사력 재편 계획으로 발표한 GPR을 일부 수정해 확정했다. 새로운 국제안보환경 변화에 대응하기 위해 제기된 GPR은 냉전 시대에 집중됐던 유럽과 아시아 주둔 미군을 대폭 감축하는 대신 새로운 전략거점 확보를 골자로 하고 있다. 이에 따르면 유럽 주둔 미군 병력의 감축 시기는 애초 계획보다 다소 늦어진다. 독일 주둔 2개 여단 병력은 애초 예정보다 2년 더 주둔하며 1개 여단은 2012년에, 다른 1개 여단은 2013년에 각각 철수할 계획이다. 이후 유럽에는 독일과 이탈리아에 각 1개 여단, 총 3만 7,000명 가량이 주둔하게 된다. 미군 관계자는 "유럽 주둔 병력의 감축 규모가 다소 줄어든 것은 미국의 안보위협을 방어하기 위해 외국 군대와의 군사훈련을 유지할 필요성이 있기 때문"이라고 설명했다.[28)]

미일 안보 일체화 추세는 최근 일본이 미국의 미사일방어(MD) 체계에 완전히 들어가는 경로를 취하고 있는 데서도 잘 드러난다. 최근 들어 일본 열도를 미국의 탄도미사일 방어 시스템으로 감싸는 요새화 작업이 급진전되고 있다. 지상배치형 지대공유도탄인 패트리어트 3(PAC3)가 도쿄 인근의 요코스카(橫須賀)시 육상자위대 다케야마(武山) 기지에 배치됐다. 이에 앞서 2007년 10월 미군 합동전술지상기지(Joint Tactical Ground Station : JTAGS)가 일본 북부의 아오모리(青森)현 미사와(三澤) 미군 기지에 배치됐고, 12월에는 일본 해상자위대의 해상배치형 요격미사일(SM3)이 탄도미사일을 요격하는 실험에 성공했다. 이에 따라 일본 열도로 다가오는 탄도미사일을 JTAGS가 포착 → SM3로 해상 요격 → 요격에 실패한 미사일을 PAC3가 재차 요격하는 시스템이 정비되고 있는 것이다. PAC3의 수도권 배치는 사이타마(埼玉), 지바(千葉)현에 이어 세 번째이며 올해 안에 도쿄 인근 이바라키(茨城)현에도 배치된다. 일본 방위성은 2010년까지 기지 11곳, 16개 부대에

28) 중앙일보, 2007년 12월 22일.

PAC3를 배치해 육상 방어 시스템을 일단락한다는 계획이다. 이에 앞서 주일미군은 2007년 12월 22일 미사와 기지에서 JTAGS를 운용하는 미 육군의 JTAGS부대 편대식을 일본 외무성, 방위성, 지역 주민 100여 명이 참가한 가운데 개최했다. JTAGS의 심장부인 (정보)해석 · 처리 차량 내부도 언론에 공개했다. 이날 편대식에서 존 스워드(John Seward) 부사령관(준장)은 "일본은 미사일 방어망에서 미국의 가장 강력한 우방"이라고 말했다고 AP통신이 30일 보도했다. 미 · 일이 함께 추진하는 JTAGS는 2006년 아오모리현 기지에 배치된 이동식 조기 경보 레이더인 X밴드 레이더와 함께 일본 주변의 탄도미사일 발사를 조기 경보 위성이 포착해 군용 위성을 통해 미사일 요격 부대와 전 세계 미군사령부에 알려주는 미군의 최신예 시스템이다. 일본 언론은 "이같은 탄도미사일 방어 시스템이 북한의 탄도미사일은 물론 날로 증강되는 중국의 미사일 공격 능력을 방어하는 목적을 가지고 있다"고 분석했다. AP통신도 "(JTAGS는) 아시아의 안보 균형을 바꾸는 프로젝트"라고 소개했다.[29)]

이러한 최근까지의 추세는 주일미군 재편이 주한미군 재편과 달리 단순한 기능적 조정 이상의 의미를 지니고 있음을 시사해 준다. 미국의 대아시아 전략에서 미일동맹의 비중과 가치가 과거에 비해 현격히 커지고 있음을 암시하는 여러 움직임들이 포착된다. 과연 그러한 움직임이 한미동맹에 주는 안보적 함의는 무엇인지 주의를 기울일 때이다.

29) 조선일보, 2008. 2. 1.

2. 미일관계 및 아시아 외교 전망

미국의 아시아 전략에서 미일동맹이 핵심적 위치를 차지한다는 점은 분명하다. 일본을 보는 미국의 시각은 2000년과 2007년에 발간된 소위 '아미티지 보고서'에서 잘 드러난다. 안보에 관한 한 미국의 대아시아 정책의 핵심은 여전히 일본 중심이다. 그러한 사고의 단면을 잘 드러내는 것이 이른바 아미티지 보고서이다. 리처드 아미티지 전 미 국무부 부장관과 조셉 나이 전 미 국방부 국제안보 담당 차관보 주도로 미국의 대아시아 중장기 전략에 대한 개요를 2000년에 이어 2007년에 보고한 문건이다. 양 보고서는 공히 일본과 미일동맹의 가치를 강조하고 있다. 즉 미국의 세계전략의 핵심은 아시아이고, 아시아 전략의 핵심은 일본과 미일동맹이라는 것이다. 이렇게 중요한 미일동맹이 효과적으로 관리되지 않고 있다는 것이 보고서의 기본 문제의식이다. 1차 아미티지 보고서는 소련 붕괴 이후 안보보다 경제가 우선시되면서 동맹이 표류했다고 지적하면서 클린턴 행정부의 '중국 중심 실용주의' 외교노선을 비판하고 있다.[30] 2차 보고서는 미 정부가 테러와 이슬람 극단주의와의 전쟁 몰두로 인해 대열강정책에서 소홀해질 가능성을 경계하면서 결론은 다시 미일동맹 강조로 이어지고 있다.[31]

30) Richard L. Armitage and others, "The United States and Japan : Advancing Toward a Mature Partnership," National Defense University, *INSS Special Report*, October 11, 2000 (http://www.ndu.edu/inss/strforum/SR_01/SFJAPAN.pdf, 검색일 : 2008년 9월 22일).

신아미티지 보고서에 의하면 9·11 이후 미국 외교정책의 핵심은 일본, 중국, 러시아, 인도, 유럽 등 주요국들과의 협조적 관계를 잘 유지하는 것이다. 장기적으로 이들 주요국들과 협조적 관계를 설정하는 것이 지속 가능하고 효과적인 미국 외교정책의 원칙이 되어야 한다. 2020년까지 아시아 국가들과 역동적이고 확고한 관계를 유지할 필요가 있고, 특히 미일동맹은 미국의 아시아 정책에서 초석(keystone)이다. 미국의 대아시아 전략은 기본적으로 일본, 인도, 호주, 싱가포르 등 우호국들—미국과의 양자관계를 기반으로 민주주의 가치를 공유하는 국가들—이 지역 문제에 적극 참여하도록 유도해 미국의 영향력과 리더십이 지속 가능하도록 하는 것이다. 그리고 다자안보협력에 관해서는 부수적으로 다자적 문제해결 방식에 적합한 기능적 이슈(functional issues)들을 식별하는 데 노력하고, 이러한 활동이 미국과 일본의 이익에 부합할 경우 장차 보다 큰 지역구도(architecture)의 하부구조로 발전하도록 유도한다는 소박한 인식을 보여주고 있다.

이처럼 미국의 대아시아 전략에서 일본이 중심적 위치를 차지하는 것은 분명하지만 최근 미일관계는 과거에 비해 소강상태로 보인다. 9 · 11 테러 사태 이후 일본이 미국의 반테러 전쟁을 적극 지원하면서 긴밀해졌던 양국관계는 과거 고이즈미 이후 일본의 국제 안보활동 이탈이 두드러지면서 미국의 불신감과 함께 소원해지고 있다. 일본 해상자위대는 지난 6년간 인도양에서 미군 함선에 급유 지원활동을 실시

31) Richard L. Armitage and Joseph S. Nye. Jr., "The U.S.–Japan Alliance : Getting Asia Right through 2020," CSIS, February 2007 (http://www.csis.org/media/csis/pubs/070216_asia2020.pdf).

해 오다 2007년 7월 참의원 선거에 참패한 뒤 야당 반대에 부딪혀 활동을 중단했다. 또한 미국과 유럽에서조차 일본의 과거사 문제 태도에 대해 비판적 시각이 나오는 것도 양국관계 소강의 한 원인이 되고 있다.

미국의 입장에서 일본의 대아시아 정책은 장기적으로 우려의 근원이다. 미국은 특히 일본의 과거사 문제에 임하는 태도나 야스쿠니 신사참배 등 중국과 한국이 민감한 여러 문제들을 다루는 방법에 대해 우려를 표하고 있는 것이다. 2007년 7월 30일 일본의 거센 로비에도 불구하고 미국 하원이 제2차 세계대전 당시 일본군의 위안부 강제동원과 관련, 일본 정부에 공식적이고 분명한 시인 및 사과, 역사적 책임을 요구하는 결의안(HR 121)을 채택한 것은 일본의 대아시아 외교를 보는 미국의 우려를 반영하는 것이다.[32] 뒤이어 11월 6일 유럽연합의 유럽의회에서는 일본의 종군 위안부 문제에 대한 공청회가 열려 70여 년 전 일어났던 반인도적 만행에 대한 증언이 이뤄졌다.

이러한 최근의 사태 전개와 관련해 전임 후쿠다 야스오(福田康夫) 총리의 노력은 의미가 있었다. 당시 후쿠다 총리는 방미에 앞서 해상급유활동의 근거가 되는 법을 일단 중의원에서 통과를 강행함으로써 미국에 성의를 표시했다. 하지만 미일 간에는 인도양상의 해상 급유활동 조기 재개 문제와 미국산 쇠고기 수입완화 문제, 그리고 주일미군 주둔경비의 일본 측 분담액 삭감 문제 등을 둘러싸고 미국의 대일압력이

32) 진창수, "종군 위안부문제 : 일본국내적 계산으로부터 탈피," 『정세와 정책』, 2007년 9월호, pp. 1-2.

가중되고 있는 상황이어서 양국관계는 그다지 편해 보이지 않는다. 이런 이유로 당시 일본 언론들은 후쿠다 총리의 방미를 '시련의 첫 외유'(니혼게이자이 신문), '불끄기 외교'(요미우리 신문)로 불렀다. 후쿠다 총리는 부시 대통령과의 회담에서 '미일동맹을 기축으로 하는 아시아 외교'를 강조하면서 "일본의 아시아와의 강고한 관계가 미일동맹에도 도움이 된다"는 점을 설명했지만 미국 측의 반응은 그다지 뜨겁지 않았던 것으로 알려졌다.[33] 또한 부시 행정부 당시 미국의 대북정책 전환 이후 일본은 고립감을 느꼈던 것으로 알려져 있다. 미국은 북핵문제 해결을 위해 북한의 테러지원국 해제를 추진했고, 일본 측은 '일본인 납치문제가 해결되기 전까지는 북한을 테러지원국에서 해제해선 안 된다'며 반발한 바 있다. 이러한 배경에서 아소다로 총리와 신임 오바마 행정부 간 동맹정책 조율이 남다른 주목을 받고 있는 실정이다.

미일관계의 소강상태에 비해 후쿠다 재임시의 중일관계는 급격히 봄날을 맞는 형국이었다. 2007년 12월 27일 후쿠다 일본 총리의 방중을 계기로 중국과 일본이 본격적인 '밀월관계'로 접어들고 있다는 전망이 제기된 바 있다. 당시 후진타오 주석이 베푸는 환영만찬은 당초 2006년 10월 양국관계 해빙의 계기가 된 아베 신조(安倍晋三) 총리 방중 때처럼 원자바오(溫家寶) 총리가 개최하기로 돼 있던 것에서 격상된 것이라고 홍콩과 일본 언론은 전했다. 국영방송인 중국중앙방송(CCTV)이 후쿠다 총리의 베이징대 강연을 생중계하는 것도 '파격'이다. 친강(秦剛) 외교부 대변인은 "중국은 지난 1972년 수교 당시 방중한 다

33) 조선일보, 2007. 11. 14.

나카 가쿠에이(田中角榮) 총리 수준으로 후쿠다 총리 방중을 환영한다"고 밝히기도 했다. 일본도 적극 화답했다. 후쿠다 총리는 당시 방중에서 18억 달러 규모의 '환경 펀드'를 공동 설립하자고 제안하며 중국의 환경문제 해결을 위한 '도우미' 역할을 자임하고 나서기도 했다. 현 중국 지도부가 의욕을 갖고 경제특구로 개발 중인 톈진(天津)과 공자(孔子)의 고향인 산둥(山東)성 취푸(曲阜)를 방문하기로 한 것도 중국이 흡족하게 여길 내용들이다. 외교 전문가들은 당시 후쿠다 총리의 방중이 동중국해 자원개발 문제 등 양국 간 민감한 현안들에 대한 획기적인 돌파구를 제시하지는 못하더라도 새로운 중일관계의 '출발점'이라는 상징적인 이정표를 세울 것으로 전망한다.[34)]

한국의 이명박 정부도 일본과의 관계개선을 천명하고 있어 앞으로 일본의 아시아 외교는 과거에 비해 상당 부분 개선될 것으로 전망된다. 일본도 수년 전부터 아시아에 대한 관심 증대를 표명하고 있어 그 귀추가 주목된다. 일례로 아소타로(麻生太郎) 총리의 네트워크 아시아 연설은 동아시아 공동체를 통한 지역 협력을 거론하면서 이러한 공동체가 성립하려면 우선 일본-중국-한국 간에 협력이 필수적이라고 지적하고 있다. 그리고 더 나아가 중·일, 한·일관계가 동아시아 공동체의 비전에 입각해 공고해져야 한다고 주장한다. 여기에서는 '네트워크'가 키워드이다. 아시아라는 이름은 이제 무역과 경제의 활성화된 네트워크의 다른 이름일 뿐이다. 아시아가 사람과 물자, 돈의 자유로운

34) 김성철, "중일정상회담과 중일관계의 변화," 『정세와 정책』, 2008년 2월호, pp. 12-15.

유통이 실현되는 개방 네트워크가 되는 정도에 비례해 지식 서클로서 자리를 잡게 될 것이고, 그런 의미에서 이는 곧 아시아 '지식 네트워크(knowledge network)'라고 부를 수 있을 것이다.[35] 비록 논의의 중점은 다를지라도 아소 총리의 지적은 아시아에서 폭발적으로 증가하고 있는 다양한 네트워크를 통한 공동체 형성의 가능성을 시사한다는 점에서 고무적이라 하겠다.

Ⅳ. 동맹조정 과정의 비교 분석

한미동맹과 미일동맹은 공히 2001년 9·11 테러 이후 촉발된 미국의 세계전략 변화 여파로 조정과정을 거치고 있다. 하지만 그 양상은 서로 다른 양상으로 전개되고 있음을 주목할 필요가 있다. 무엇보다도 큰 차이점은 한미동맹은 군사동맹에서 포괄적 동맹으로 진화하고 있는 반면, 미일동맹은 주일미군과 자위대 지휘기능의 일체화 강화를 통해 글로벌한 차원의 군사동맹으로 진화하고 있다는 점이다.

한미동맹과 미일동맹의 조정과정에서 드러나는 차이는 주한미군과 주일미군의 성격이 기본적으로 다르다는 점에 기인한다. 즉 주한

35) Taro Aso, "A Networked Asia : Conceptualizing a Future," Speech by Mr. Taro Aso, Minister of Foreign Affairs, On the occasion of the 12th Nikkei International Conference on "The Future of Asia," May 26, 2006 (http://www.mofa.go.jp/announce/fm/aso/speech0605-2.html, 검색일 : 2008-06-03).

미군은 냉전형 중무장 보병중심이어서 지역방어에 중점을 둔 반면, 주일미군은 해병대와 해 · 공군 위주로 편재되어 이미 기동군으로서의 성격을 갖고 있다. 본격적인 조정과정이 시작되기 전인 2004년경의 자료에 의하면 주한미군 37,400명 중 지상군이 75%를 차지하고 나머지를 공군, 해군, 해병대 순으로 차지한다. 이에 비해 주일미군은 총병력 39,691명 중 해병대가 49%, 공군 33%, 해군 14%, 나머지가 지상군이다.[36)]

1. 조정과정의 비교

(1) 제도적 절차 및 과정

일본은 정부 · 정당 차원의 각종 조사회나 위원회 및 외무 · 국방장관이 참여하는 '2+2전략 대화'를 통해 한국보다 오랜 기간 동안 미국과 동맹조정 현안을 논의해 왔다. 주일미군의 존재감이 현저하고 그로 인해 반미감정이 심각했던 오키나와의 경우는 오키나와특별위원회(Special Action Committee on Okinawa : SACO) 활동을 통해 정부 간 협의는 물론 주민들과의 대화도 병행 추진했다. 한국은 한미동맹미래정책구상회의(FOTA) 및 한미안보정책구상회의(SPI)를 통해 동맹조정 현안을 논의하고 있지만 대체로 당시 노무현 정부의 탈미(脫美)성향으로

36) 국방부, 『2004 국방백서』 및 연합뉴스, 2005. 2. 4 참조.

인해 진척이 더뎠다. 그리고 오산 · 평택 기지 이전과정에서 대추리 등 현지 주민들과 일부 반미성향 NGO 단체들의 조직적 결탁으로 인해 이전과정이 때때로 폭력적 시위로 나타나기도 했다. 그런 이유로 미일 동맹 조정은 한미동맹에 비해 좀 더 체계적이고 제도적으로 진행되고 있다는 인상을 준다. 또한 일본의 경우 주일미군 기지에 대한 주민들의 반대나 시위가 있기는 하지만 한국처럼 시민사회 차원의 조직적이고 체계적인 반미운동 양상으로까지는 발전하지 않고 있어 대조적이다.

미일동맹 조정의 경우 한미동맹 조정과는 대조적으로 매우 잘 준비되고 치밀하게 조율된 양상으로 전개되었다. 미국 부시 행정부는 발족 단계부터 아시아의 새로운 도전들에 대응하기 위해 일본과의 방위협력 파트너십을 강화해야 한다는 비전을 갖고 출범했다. 이에 따라 아미티지 국무부 부장관을 중심으로 새로운 대일 안보협력 관계를 구축하려는 비전이 제시되었으며, 일본 또한 미국의 움직임에 적극 호응해 대미 방위협력을 강화했다. 따라서 미일 양국은 동맹의 미래상 혹은 청사진에 관한 합의를 도출하고 이에 기초해 조율된 입장에서 동맹조정 작업을 진행했다. 이러한 상황은 한미동맹의 경우 SPI 3대 의제 중 미래 비전공동연구(Joint Vision Study)가 가장 뒤처진 것과 대조적이다.

(2) 전략인식 공유의 차이

한미동맹과 미일동맹 조정에서 또 다른 중요한 차이는 전략목표와 위협인식의 공유 여부에서 찾을 수 있다. 미일 양국의 경우 동맹조정 과정에 앞서 공통의 전략목표를 설정했다. 2005년 2월 미일 안전보장협의위원회는 지역 및 글로벌 차원에서의 공통의 전략목표에 합의했다. 그 결과 미일동맹의 조정은 '위협인식 공유 → 전략목표 설정 → 자위대 및 주일미군의 역할, 임무, 능력 조정 → 주일미군의 시설 · 구역에 관한 수정'이라는 단계를 거치면서 진행되었다.

이에 비해 한미동맹 조정은 대체로 햇볕정책이 시작된 1990년대 중반 이후 한반도상의 위협요인에 대한 인식의 갭이 조정되지 못한 채 동맹 조정과정에 돌입했다. 그런 이유로 SPI 회의의 3대 의제의 하나로 포괄적 안보상황 평가(Comprehensive Security Assessment)가 정해진 것이다. 2000년의 남북정상회담 이후 한미 간 위협인식의 간격은 더욱 벌어졌다. 한국은 북한을 위협으로 공식화하는 것을 꺼려해 왔으며, 국방백서에서는 북한에 대한 '주적' 표현이 삭제되었다. 북핵문제에 관해서도 미국은 이를 글로벌 차원의 반테러 · 반확산 문제로 다루려는 입장이었음에 비해 한국은 북핵문제를 한반도 평화의 문제로 다루려는 입장의 차이를 보였다. 그 결과 한국은 미국의 군사 독트린에 선뜻 동참하기 어려운 상황에 있었다.

하지만 이런 상황적 차이보다 더욱 중요한 것은 동맹조정의 배경이 되는 안보전략 인식에 근본적인 차이가 있다는 점이다. 즉 일본은 미국과의 안보 일체화를 통해 미일동맹을 강화하고 보통국가 노선을 추구한 반면, 한국은 '탈미 · 자주' 노선으로 동맹을 약화시키면서 자주와 동북아 다자안보에 중점을 두었다. 이러한 탈미 · 자주 인식론의 대표적인 사례가 '동북아 균형자론'이라 할 수 있다. 동북아 균형자론은 한반도와 중국, 일본이 동북아 지역에서 지정학적으로 불가분의 관계를 맺고 있으며, 그로 인해 항상 잠재적 갈등 당사자가 될 수 있다는 현실 인식을 반영하고 있다. 특히 역사적으로 대륙세력과 해양세력 간의 균형이 깨졌을 경우 항상 한반도가 외세의 침탈을 당했다는 역사적 교훈을 바탕에 깔고 있으며, 한·미·일 삼각 안보진영에서 탈피해 미일동맹과 북·중·러 삼국 사이에서 균형자 역할을 하자는 발상이다. 달리 말하면 동북아 균형자론의 배경은 최근 점증하는 중일 갈등과 경쟁이 동북아에서 불안을 초래할지도 모를 상황을 미연에 방지하자는 것이다. 미국과 일본이 한 덩어리가 되어 중국 및 북한과 대결하는 상황을 막아야 한다는 것이 균형자론의 골간으로, 특히 핵심은 중국과 일본이다. 이 두 나라가 경쟁으로 치달을 경우 100년 전과 같은 국권상실의 위기가 올 수도 있다는 상황 인식을 우리 정부가 하고 있으며, 현재와 같은 한·미·일 3각구조 속에 갇혀 있어서는 미래의 충돌상황에 대비할 수 없고, 그래서 다자안보 구도로 가야 한다는 것을 주장하고 있다. 한미동맹이 현재의 질서라면 다자안보체제는 미래의 질서라는 것이다. 참여정부 시절 국가안전보장회의(NSC) 사무처는 설명자료를 통해 "힘이 있어야 균형자를 하는 것도 아니고 힘이 없으면 균형자를 못하는 것도 아니다"라면서 "군사력, 경제력에 있어 초강대국에 미치지는 못하지만 뜻을 같이 하는 나라들과 협력을 이루고 세계 여론의 지지를 받으며 평화를 유지하려고 노력한다면 그것이 바로 균형자 역할을 할 수 있는 기반이 되는 것"이라고 주장하고 있다.[37] 한국이 이러한 균형자 역할을 추구하면 그 결과 주변국과 동반자적 협력관계가 강화되고, 지역안보협력을 증진함으로써 동북아 인접국 간 공동번영의 협력적 질서를 창출하는 데 한국이 기여하겠다는 의지의 표명이 동북아 균형자론이다.

37) 국가안전보장회의 사무처, "동북아 균형자 설명자료" (2005. 4) 참조.

노무현 정부 시절 동북아 균형자론은 야심적 내용에도 불구하고 동북아 균형자 개념은 많은 논란에 봉착했는데, 주된 논란은 세 가지 논지로 정리할 수 있다. 첫째, '균형자'의 개념은 전통적인 국제정치에서 말하는 '밸런서(balancer)'와 다르기 때문에 논란을 야기했다. 참여정부가 주장했던 '동북아 균형자'의 개념이 '균형적 실용외교'의 개념에 입각한 실리 위주의 전략적 개념인 것은 분명하지만 그것이 국제적으로 보편타당한 개념으로 받아들여질 것인지는 의문이다. 국제정치적으로 균형은 곧 세력균형(balance of power)을 의미하며, 참여정부가 말하는 '평화의 균형자' 혹은 '가치의 균형자'라는 개념은 아직은 생소한 개념이기 때문이다. 둘째, 우리가 균형자 역할을 할 능력은 충분한가에 관한 논란이 있었다. 우리가 중국과 일본을 상대로 전통적인 하드파워에 입각한 균형자 역할을 할 수 없다는 것은 자명하다. 아직까지 국제관계에서 결정적인 국면에는 소프트파워보다는 하드파워가 더 중요한 요인으로 작용하고 있는 것이 현실이다. 셋째, 균형자 개념은 한미동맹과 양립 가능한가에 관한 논란이 있었다. 균형자 개념은 기존의 한미동맹 체제에서 어느 정도 벗어나고자 하는 의미가 내포되어 있다. 실상 균형자 개념이 아니더라도 한미동맹은 현재 중요한 조정기를 거치고 있는 중이다. 그런데 한미동맹을 강화하는 동시에 균형자 역할이 한미동맹을 중심으로 이루어진다는 주장에는 어느 정도 상충되는 요

38) 김기정, "동북아 균형자론의 국제정치학적 의미," 민족화해협력범국민협의회 통일포럼(2005. 4. 22) 발표논문 및 "21세기 한국 외교의 좌표 : 동북아 균형자론의 국제정치학적 의미를 중심으로," 『국가전략』 제11권 4호(2005년 겨울) 참조.

소가 있다.[38]

한일 간 전략적 인식 차이의 결과 미일동맹은 주일미군과 자위대의 일체화를 강력히 모색하게 한 반면, 한미동맹은 한국군의 자주성을 강화하는 방향으로 진행되었다. 한미동맹은 역사상 유례가 없는 강력한 연합방위체제로서 한미연합사령부를 갖고 있지만, 2012년 전작권 전환으로 한미연합사는 해체될 예정이다. 반면, 일본은 현행 병렬식 공동지휘체제에서 한국식 연합방위체제와 유사한 체제로의 변신을 모색하고 있어 대조적이다. 결국 미일동맹은 자위대와 주일미군의 일체화 경향이 두드러지는 반면, 한국군과 주한미군은 협력적 자주에 입각한 병렬식 지휘구조로 전환되는 추세이다.

(3) 전략적 유연성에 대한 인식

마지막으로 한일 간의 차이점은 전략적 유연성에 대한 인식차를 꼽을 수 있다. 한미 양국은 2006년 1월 외무장관 전략대화 공동성명에서 주한미군을 동북아시아 등의 분쟁 지역으로 이동·배치할 수 있도록 하는 미군의 전략적 유연성을 필요에 따라 활용하기로 합의했다. 이에 따라 주한미군은 미국의 군사적 필요에 따라 이동과 배치가 자유롭게 이뤄질 수 있는 근거가 마련됐다. 하지만 미 측은 한국 국민의 의지와 관계없이 주한미군이 동북아 지역 분쟁에 개입하는 일은 거의 없을

39) 이상현, "주한미군 전략적 유연성 합의," 『정세와 정책』, 2006년 2월호, pp. 1-2.

것이라는 취지로 전략적 유연성 문제를 정리했다.[39)]

주일미군도 주한미군의 경우와 마찬가지로 전략적 유연성 문제를 안고 있으나 주둔 미군의 역외 활동에 대한 지원 내지는 동참문제에 있어 확연한 차이를 보이고 있다. 일본은 주변사태법, 유사사태법, 대테러대책법 등 입법활동을 통해서 뿐만 아니라 신방위계획대강, 미일 방위협력 가이드라인 등의 수정을 통해 착실히 미군의 역외 활동을 직접 지원할 수 있는 방향으로 일본의 역할을 확대하고 있다. 미일동맹의 경우 주일미군 자체가 해병대와 공군을 위주로 편재되어 이미 기동군 성격을 가졌던 까닭에 일본은 한국보다 앞서 주일미군의 전략적 유연성과 관련된 제도적 장치를 마련하고 냉전종식 이후 꾸준한 법적·정치적 장치를 정비해 왔다. 따라서 한일 양국은 전략적 유연성에 대한 기본 인식과 입장이 다른 셈이다.

한국에서 주한미군의 전략적 유연성을 반대하는 논리 중 가장 대표적인 것 가운데 하나는 미국의 동북아 전략 핵심이 '중국 포위론'에 있고, 한국이 그에 동참하는 것은 한국과 중국과의 관계를 긴장시켜 우리의 안보에 도움이 되지 않는다는 것이다. 그러나 이러한 주장은 지나치게 단선적이고 단순화된 논리로서 주로 미 국방부의 시각만을 반영하는 주장이다. 국방부는 군사우선 논리에 따라 중국에 대한 경계심을 암묵적으로 전제하는 경향이 있지만, 미중관계를 대결 혹은 잠재적 경쟁자 관계로만 규정하는 것은 국제관계의 복합성을 도외시한 편협한 시각이다. 미국의 장기 전략에서 중국이 전략적 경쟁자로 부상할 가능성은 항상 고려변수 중 하나이지만 국제관계, 특히 강대국 관계는 매우 복합적인 측면을 포함하며 미중관계도 예외는 아니다. 미중관계는 갈등의 소지에도 불구하고 현 국제질서 하에서 협력의 부분(특히 경제적 측면)이 더 크며, 그런 이유로 미국은 중국을 현 국제관계에서 중요한 이익을 공유하는 책임 있는 이익상관자(responsible stakeholder)로 규정하고 중국을 동등하고 중요한 성원으로 간주하는 입장이다. 이러한 시각은 전임 로버트 죌릭 국무부 부장관을 비롯한 미국 행정부 고위관리들이 자주 언급해 온 사실이다.[40] 미국은 중국을 국제사회에서 대등한 위치에서 각종 현안에 대해 공동의 책임의식을 가지고 상호 협조해 나가는 상대로 보고 있다. 중국 또한 전면적 소강사회를 달성하기 위해 안정된 주변 환경을 필요로 하며, 그 관건이 바로 미국과의 평화로운 관계설정이라고 보고 있다. 더 나아가 국제사회에서 중국의 발언권 확대를 위해서도 중국은 미국과의 전략적 협조가 자신의 국익에 부합하는 것으로 본다.[41] 그렇게 본다면 미국의 대중국 전략을 오로지 포위만을 위한 것으로 규정하는 것은 매우 단편적이고 편향된 시각이라 아니할 수 없다.

2. 한국에 대한 시사점

이상의 논의에서 한미동맹과 미일동맹의 조정과정을 비교·분석

40) Robert Zoellick, "Whither China? From Membership to Responsibility?," Remarks to National Committee on U.S.-China Relations, New York City, September 21, 2005 (http://www.state.gov/s/d/former/zoellick/rem/53628.htm, 검색일 : 2008-11-23).

41) 이태환, "21세기 중국의 대외전략과 한국의 전략적 선택," 하영선 편, 『21세기 한국외교 대전략 : 그물망국가 건설』(서울 : 동아시아연구원, 2006), pp. 159-162.

해 보았다. 위에서 지적했듯이 미일동맹의 조정은 '일체화'가 지배적인 추세이다. 그러한 추세가 한미동맹의 상대적 위상 약화와 결부될 경우 우리에게는 중요한 안보적 함의를 지닌다. 특히 한미관계가 정치적으로 우호적이지 못할 경우 한미동맹의 공전은 불가피해진다. 이런 사태에 우려해야 할 이유가 여기에 있다. 또한 후쿠다 수상과 아소다로 총리를 거치면서 급격히 중일관계의 해빙기가 도래하고 있다는 전망이 나오고 있는데, 중일관계의 밀착 역시 한국을 동북아의 주변으로 밀어내는 효과가 있을 것이다.

주일미군의 재편 협상과정에서 일본은 애초에 매우 수동적으로 임했다. 한미 간 기지재편 협상이 비교적 빨리 진행된 반면 미일 간에는 1996년 오키나와 특별행동위원회 최종 보고부터 시작해서 2005년에 가서야 가시적인 성과가 나타나기 시작했다. 그러나 이런 더딘 협상에도 불구하고 미일 간에는 위협인식의 공유, 공동의 대응전략 수립, 이에 따른 양국 간의 역할과 임무 분담에 있어서 일정한 합의를 이뤘다. 이를 통해 미일 간에는 9 · 11 이후 새로운 안보환경 하에서 비록 완성된 형태는 아니지만 확고한 협력방향을 설정할 수 있게 되었다는 점이 중요한 의미를 지닌다.[42] 이는 북핵위기 가운데 전작권 전환 합의까지 이뤄져 불확실성이 커지는 한미동맹과 대조되는 부분이다.

일본은 한국보다 경제규모가 월등히 크고 군사비 부담 능력도 우리보다 큼에도 불구하고 주일미군에 대한 적극적인 재정지원정책을

42) 송화섭, "주일미군 재편과 지역안보," 『한일군사문화연구』, 제4집(2006), pp. 106-107.

유지하고 있다. 또한 한반도보다 직접적인 안보위협의 민감도가 현저히 낮음에도 불구하고 미군과의 협력체계 강화에 노력해 미국의 안보공약 의지를 확보하는 동맹강화의 길을 선택했다. 일본과 달리 미국의 개입의지가 현저히 감소될 소지가 많은 한국은 일본의 사례를 반면교사로 삼아 우리의 동맹관리 정책에 대한 방향성 설정에 참고할 필요가 있다.[43]

갈수록 강화되는 미일동맹과 전략적 유동성이 커지는 동북아 안보환경 하에서 한국으로서는 미국, 일본, 중국, 러시아 등 주변4강에 대해 어떤 전략을 펼 것인지 근본적인 고민이 필요하다. 21세기 복합변환의 시대에 한국은 어떤 선택을 할 것인가? 한국이 취할 수 있는 전략적 방향은 국력증강을 통한 자주 노선, 동아시아에서의 다자안보 추구, 미국과의 동맹 강화 등으로 요약된다. 참여정부는 세 가지 대안 중 자주를 앞세우고 다자안보를 추구하면서 동맹강화를 상대적으로 등한시했다. 하지만 이는 현실과 역행하는 잘못된 우선순위 배정이었던 것으로 평가된다.

동북아 국가들의 군비증강에도 불구하고 이 지역에서 미국의 군사패권은 여전히 확고하다. 그러한 미국과의 동맹을 폐기할 경우 한국이 선택할 수 있는 대안은 지극히 제한적이다. 자주를 추구하다가는 주변 4강의 발길에 차일 것이 확실하고, 동북아 다자안보체제는 아직 실체가 없는 담론 수준에 머물고 있다. 중국이나 일본과 새로운 동맹관계

43) 남창희, "주일미군 재배치와 일본의 대미 동맹관리 정책," 『국제관계연구(IRI Review)』, 제13권 1호(2008년 봄), pp. 34-35.

를 맺는 것은 더더욱 상상하기 어렵다. 결국 아직은 한미동맹을 벗어날 시기도 여건도 되지 않는다는 결론에 도달하게 된다. 객관적 상황이 이러한데도 참여정부 초기에 여당 국회의원 다수가 미국을 한국안보에 가장 심각한 위협요인으로 보고, 대신 중국을 연합해야 할 국가로 인식한 것은 대표적인 국가전략 인식부족의 사례라 할 수 있다.

따라서 향후 한국은 동맹조정을 양국 간 갈등의 증폭제가 아닌 합의의 기반을 확대하는 계기로 삼아야 한다. 그러기 위해서는 여러 가지 과제가 있다.

첫째, 무엇보다도 이명박 정부는 한미동맹에 대한 분명한 가치관을 표명해야 한다. 애매하게 말로는 동맹이 중요하다 외치면서 정작 행동은 그에 역행하는 관행이 되풀이되면 동맹의 신뢰는 더욱 약화될 것이다. 원칙을 세우기 위해서는 한미 양국이 동맹관계에서 추구하려는 목표가 무엇인지부터 명확히 하는 것이 순서이다. 우선 미국이 한국에 중요한 동맹이라는 원칙을 정립하고, 이를 충실하게 지키면 구체적인 정책의 우선순위와 일관성은 자연히 지켜지게 될 것이다. 참여정부의 대미외교에서 실질적으로 미국이 원하는 것은 거의 다 들어주고도 신뢰를 얻지 못한 현상의 원인은 무엇인지 진지한 자성이 필요하다.

둘째, 한미 간 신뢰의 공감대 확대 노력이 필요하다. 그러기 위해서는 한미 간 가치의 공유 노력 강화가 필요하다. 국가 간의 신뢰가 하루아침에 갑자기 무너지거나 쌓이는 것은 아니기 때문에 장기적인 관점에서 한 · 미 양국 간에 공유하는 철학과 가치 및 정향에 있어서 공감대를 확대하려는 노력과 의지가 있어야 한다. 그것은 양국 간에 건전한 커뮤니케이션 채널이 작동할 때 가능할 것이다. 동맹의 커뮤니케이션 구조 확립을 위해서는 불필요한 커뮤니케이션 노이즈(noise)를 제거하는 데 노력해야 한다. 그동안 동맹변화의 구조적 요인을 제외하고 볼 경우, 정부 차원의 협상 스타일에서 기인하는 불필요한 마찰들이 한미 간 인식의 갭을 키우는 데 상승요인으로 작용했다. 또한 한미 간 외교 사안이 안보쟁점화되고, 일부 세력이 이를 국내정치적으로 이용하거나 반미감정 소재로 활용하기도 했음에 유의해야 한다.

셋째, 포괄적 동반자 관계를 위한 노력을 강화해야 한다. 한미 양국이 냉철한 검토를 통해 현 동맹이 양국의 국익에 필요하다는 결론에 도달했으면 이를 양국 국민들에게 적극적으로 교육시키려는 노력을 강화해야 한다. 한미동맹의 전략적 이익은 아직 건실하며 동맹의 기초도 튼튼하지만 동맹에 대한 일반 대중의 이해나 지지는 부족한 편이다. 민주화된 사회의 외교는 더 이상 정부 대 정부만의 문제가 아니라 두 시민사회 간의 문제이기도 하다. 정부는 외교문제에 있어서 여론을 외면할 수 없고, 국민들도 국제문제에 대해 적극적인 의견 개진이 가능한 시대가 도래했다. 그렇기 때문에 양국 정부가 동맹의 미래 비전에 합의할 수 있는가 하는 문제 못지않게 중요한 것은 각국 정부가 자국 국민들에게 그러한 비전을 창출할 정치적 의지가 있는가 하는 점이다.

V. 맺음말

한미동맹의 조정은 탈냉전 이후 세계 안보환경 변화, 미국의 군사전략 변화, 그리고 한국 국내정치적 지형의 변화로 인해 불가피한 측면이 있다. 지난 반세기 이상 한미동맹은 한국의 안보는 물론 동북아의 안정과 평화에 크게 기여했다는 데 의문의 여지가 없다. 하지만 한미동맹이 21세기의 초입에서 여전히 반세기 전과 같은 형태로 유지될 수 있을지는 의문이다. 문제는 그러한 변화의 불가피성에 비해 동맹조정의 과정이 얼마나 성공적이었고 우호적인 분위기 가운데 이뤄졌는가, 그리고 동맹조정의 방향에 대한 공감대가 얼마나 이뤄졌나 하는 부분이다. 한국과 미국은 21세기형 동맹으로 변환할 준비가 되어 있는가? 바로 이것이 한국의 이명박 정부가 답해야 할 역사적 과제가 될 것이다.

최근의 국제질서는 새로운 세력구도 재편의 가능성이 증대하는 추세이다. 한편에서는 미-일-호 삼각동맹의 가시화와 이에 맞서 중-러-SCO 대응체제의 형성이 가시화되고 있다는 분석이 있다. 이러한 유동적 국제질서와 대결적 국제체제의 등장 가능성에 대비한 한국의 전략적 선택은 결국 어떠한 국가군(群)과 연합할 것인가 하는 근본적인 국가전략의 문제로 귀착된다. 한국이 국제질서를 주도하지 못하는 상황에서 국가 전략적 고려를 통해 한국이 선택할 것은 결국 어느 국가군과 전략적으로 연대할 것인지를 결정하는 것이 매우 중요하며, 그 대상은 미국 외에는 찾기 어려운 것이 현 상황이다. 한국의 대전략을 구상할 때 우리가 속해야 할 곳은 국제질서의 상층부에 속하는 동시에 가치와 제도를 공유하는 국가군으로 구성되는 세계질서 주도 연합(leading coalition)이어야 한다.

앞으로도 상당 기간 미국 주도의 단극적 세계질서는 지속될 것이다. 그러나 이것이 미국이 세계질서를 언제든지 마음대로 좌우할 수 있다는 뜻은 아니며, 오늘날과 같이 복잡한 세계에서는 어떠한 국가도 만능일 수 없다. 심지어 미국처럼 유일 초강대국도 대부분의 외교적 목적을 달성하기 위해서 다른 나라들의 협조를 필요로 한다. 그런 의미에서 한미동맹의 임무는 아직 끝나지 않았다.

한미동맹이 21세기까지 지속하려면 동맹의 공통분모를 얼마나 잘 유지하는가에 달렸다. 한국의 입장에서는 미국의 동맹관 변화를 면밀히 주시하고 이해해야 한다. 미국 세계전략 논의에서 최근의 추세는 '변환(Transformation)'이라는 키워드로 요약되며, 군사태세의 변환과 외교태세의 변환을 병행 추진하고 있다. 군사변환의 핵심은 반테러 전쟁과 미래의 위협에 보다 효율적이고 유연하게 대처하기 위해 미군을 필요한 곳에, 그리고 미군의 주둔에 우호적인 곳에 주둔시킨다는 것이고, 이러한 변환 개념에 입각한 새로운 동맹 개념이 등장하고 있는 점을 유념해야 한다. 새로운 동맹 개념의 핵심은 과거와 같이 상호 방위조약에 근거한 고정된 지역적 동맹이 아니라 임무에 따른 유연한 연합과 연합국을 엮는 다차원 네트워크이다. 냉전기 동안 미국이 견지한 전통적 동맹 개념은 상호 방위조약 혹은 기존 세력균형론에 근거한 군사동맹이었으나 새로운 동맹 개념은 미국의 전략변화에 부응해 반테러, 반확산에 뜻을 같이하는 국가라고 할 수 있으며, 기존 동맹(alliance) 개념에 더해 연합(coalition)을 지향하는 개념 변화로 귀착된다. 장차 한미동맹의 성패는 이러한 미국의 동맹관 변화와 우리가 원하는 동맹상 사이의 공통분모를 얼마나 확보하느냐에 달렸다.

참 | 고 | 문 | 헌

국가안전보장회의 사무처. "동북아 균형자 설명자료"(2005. 4).

국방부. "주한미군 감축협상 결과." 국방부 보도자료(http://www.mnd.go.kr), 2004년 10월 7일.

_____. "국방개혁 2020(안)." 슬라이드 자료(2005. 9).

김기정. "동북아 균형자론의 국제정치학적 의미." 민족화해협력범국민협의회 통일포럼(2005. 4. 22).

_____. "21세기 한국 외교의 좌표 : 동북아 균형자론의 국제정치학적 의미를 중심으로." 『국가전략』 제11권 4호. 2005.

김성철. "중일정상회담과 중일관계의 변화." 『정세와 정책』. 2008.

김영호. "주한미군의 전략적 유연성 운용 조건." 이상현 편. 『한미동맹 로드맵 : 비전 · 쟁점 · 전략』. 성남 : 세종연구소. 2008.

남창희. "주일미군 재배치와 일본의 대미 동맹관리 정책." 『IRI Review(국제관계연구)』. 제13권 1호. 2008.

박건영. "제1차 '아미티지보고서'(2000)와 제2차 '아미티지보고서'(2007) : 비교분석과 한국에 주는 정책적 함의." 코리아연구원(http://www.knsi.org) 정책보고서(2007. 4. 11).

박기련. "미국의 군사변환과 그것이 한미동맹에 주는 함의 : 21세기 미군의 범지구적 통제력의 영향을 중심으로." 『국제정치논총』. 제47집 1호. 2007.

박영준. "21세기 미일동맹의 변환과 일본 방위체제 변화." 『국가전략』. 제13권 2호. 2007.

박휘락. "능력기반 국방기획과 한국군의 수용방향." 『국가전략』. 제13권2호.

2007.
송화섭. "주일미군 재편과 지역안보." 『한일군사문화연구』. 제4집. 2007.
윤덕민 · 박철희. "한미동맹과 미일동맹 조정 과정 비교 연구." 한국전략문제연구소 국방정책연구보고서 06-04(2007. 3. 13).
이상현. "미국의 동아태 전략과 한미동맹 : 변화와 연속성." 이상현 편. 『한미동맹 로드맵 : 비전 · 쟁점 · 전략』. 성남 : 세종연구소. 2008.
_____. "미국의 군사변환전략 : 기원, 성과, 평가." 『국가전략』. 제13권 3호. 2007.
_____. "주한미군 감축/주한미군 감축/재배치계획 추진현황 및 발전방향." 한국전략문제연구소 토론회 자료(2006. 5).
_____. "미 군사변환의 세계전략과 동맹네트워크." 하영선 편. 『21세기 한국외교대전략 : 그물망국가 건설』. 서울 : 동아시아연구원. 2006.
_____. "주한미군 전략적 유연성 합의." 『정세와 정책』. 2006년 2월호. 2006.
_____. "1945년 이후 미국의 세계 군사전략과 주한미군 정책의 변화." 한용섭(편). 『자주냐 동맹이냐 : 21세기 한국 안보외교의 진로』. 서울 : 오름. 2004.
이태환. "21세기 중국의 대외전략과 한국의 전략적 선택." 하영선 편. 『21세기 한국외교 대전략 : 그물망국가 건설』. 서울 : 동아시아연구원. 2006.
진창수. "종군 위안부문제 : 일본국내적 계산으로부터 탈피." 『정세와 정책』. 2007년 9월호. 2007.

Armitage, Richard L. and others. "The United States and Japan : Advancing Toward a Mature Partnership." National Defense University. *INSS Special Report*. October 11, 2000(http://www.ndu.edu/inss/strforum/SR_01/SFJAPAN.pdf 검색일 : 2008년 9월 22일).
Armitage, Richard L. and Joseph S. Nye. Jr. "The U.S.-Japan Alliance : Getting Asia Right through 2020." CSIS. February 2007(http://www.csis.org/media/csis/pubs/070216_asia2020.pdf).
Aso, Taro. "Arc of Freedom and Prosperity : Japan's Expanding Diplomatic Horizons." Speech by Mr. Taro Aso. Minister of Foreign Affairs on the Occasion of the Japan Institute of International Affairs Seminar. November 30, 2006(http://www.mofa.go.jp/announce/fm/aso/speech0611.html 검색일 : 2008년 11월 17

일).

Aso, Taro. "A Networked Asia : Conceptualizing a Future." Speech by Mr. Taro Aso. Minister of Foreign Affairs. On the occasion of the 12th Nikkei International Conference on 'The Future of Asia' May 26. 2006(http://www.mofa.go.jp/announce/fm/aso/speech0605-2.html 검색일 : 2008년 6월 3일).

Bell, B. B. and Sonya L. Finley. "South Korea Leads the Warfight." *Joint Force Quarterly*. Issue 47. 2007.

Blasko, Dennis J. "The 2007 Report on the Chinese Military." *Joint Force Quarterly*. Issue 47. 2007.

Cohen, William S. *Report of the Quadrennial Defense Review*. May 1997(http://www.defenselink.mil/pubs/qdr/ 검색일 : 2008년 4월 16일).

Feith, Douglas J. Under Secretary of Defense for Policy. "Transforming the U.S. Global Defense Posture." remarks at the Center for Strategic and International Studies. Washington DC. Wednesday. December 3. 2003.

INSS and IDA. "Moving the U.S.-ROK Alliance into the 21st Century." INSS Special Report. Institute for National Strategic Studies. National Defense University and Institute for Defense Analysis. September 2007(http://www.ndu.edu/inss/Research/SRsep07.pdf 검색일 : 2008년 9월 22일).

Morrow, James D. "The US and ROK Alliance : An Asymmetric Alliance over Time," *Korean Journal of Security Affairs*. Vol. 11. No. 1. 2006.

Snyder, Glenn H. *Alliance Politics*. New York : Cornell University. 1997.

U.S. Department of Defense. *The United States Security Strategy for the East Asia-Pacific Region*. 1998(http://www.defenselink.mil/pubs/easr98/easr98.pdf 검색일 : 2008년 12월 28일).

Zoellick, Robert B. "Whither China? From Membership to Responsibility?" Remarks to National Committee on U.S.-China Relations. New York City. September 21. 2005(http://www.state.gov/s/d/former/zoellick/rem/53628.htm 검색일 : 2008년 11월 23일).

제2장

동북아 국제관계의 안정성을 위한 한일 외교관계의 과제

박인휘(이화여자대학교)

I. 머리말 : 한일 외교관계의 전환기적 시점

한국과 일본의 외교관계는 양국 정부에게 있어서 언제나 어려운 국가 과제이다. 냉전기의 경우 국가안보에 대한 상징적 고려로 인해 미국을 공동의 동맹국가로 보유한 한국과 일본은 상대적으로 안정적인 외교관계를 경험했다.[1] 하지만 탈냉전기적 환경이 전개되면서 한일 양국은 건설적이고 상호 호혜적인 외교관계 수립에 많은 어려움을 겪고

1) Victor Cha, *Alignment Despite Antagonism : The United States–Korea–Japan Security Triangle*(Stanford : Stanford University Press, 2000). 물론 냉전기 양국간 외교관계의 위기가 몇 차례 있긴 했지만 미국의 지역전략 틀 속에서 일정한 위기관리 관성을 보여주었다.

있다. 특히 우리 사회는 괄목할 만한 수준의 민주주의 제도의 발전을 이룩했고, 그것이 외교정책 결정과정에 많은 영향을 미치게 되면서 의도하지는 않았지만 결과적으로 한일 외교관계의 안정성을 더욱 어렵게 만드는 요소로 작용하기도 한다. 권위주의 시절 일부 집권세력이 독점적으로 외교정책을 담당하는 시대와는 달리 외교정책 결정과정이 투명해지고 일반 대중에 의한 정보 공유가 가능해지면서 국내 각계 각층의 입장과 이해관계가 외교정책에 반영되어 '한일 외교관계'에 영향력을 행사하고자 하는 다양한 의견이 등장했기 때문이다.

2008년 이후 한국과 일본에서는 모두 새로운 집권세력의 등장으로 인해 새로운 외교정책 수립이 진행되고 있는 상황이다. 한국의 경우 2007년 대통령 선거에서 승리한 이명박 대통령의 경우 지난 10년에 걸친 진보주의적 세력과는 달리 보수주의적 이데올로기를 강조한 외교정책 방향을 강조하고 있다. 또한 일본의 경우 2008년 9월 후쿠다 총리의 사퇴로 등장한 아소 다로 총리 역시 그 이전의 세력들에 비해서 외교정책의 중요성을 더욱 강조하고 있는 실정이다. 공교롭게도 한일 양국에서 등장한 새로운 정치세력은 주요 외교 현안들 중에서 특히 주변국과의 원활한 외교관계를 전제로 한 안정적이고 평화로운 동아시아 지역 정세의 필요성을 강조하고 있다. 한국의 경우 이명박 대통령은 당선 직후 당선자 신분으로는 최초로 주변 4강(미국, 일본, 중국, 러시아)에 특사를 파견해 향후 외교관계에서 주변국과 공고한 신뢰관계를 지향하겠다는 의지를 보인 바 있다.[2] 일본의 아소 총리 역시 아시아 지역

2) 중앙일보, "이 당선인, 4강특사 면담," A3면, 2008년 1월 9일.

역내 국가들과의 협조를 중시한 외교를 강조하면서 기존의 외교정책보다는 훨씬 유연하고 아시아적 공동체를 존중하는 외교를 전개하겠다는 입장을 표방하고 있다.

한국의 경우 산업화와 민주화라는 국가 과제를 슬기롭게 달성하고 이제 사회 전반에 걸친 시스템적 구조 정착을 위한 '선진화'를 가장 중요한 국가 과제로 설정한 상태이다. 최근 10년간 진보성향의 정권이 민주화의 성숙과 이를 토대로 한 남북한 관계의 신뢰구축에 주력했다면, 이제는 서구 민주주의 국가들이 이룩한 수준의 정치제도적 선진화와 일류 경제 시스템을 지향해야 할 때이다. 특히 지난 노무현 정부에서 문제의식은 옳았지만 성공적으로 구현되지 못한 "동북아 균형자론"의 경험을 거울삼아 보다 현실적이고 국가이익적 차원의 주변국 외교전략 개발이 절실히 요구되는 시점이다.[3] 한편, 일본은 최근에 들어 국제적으로 존경과 신뢰를 받는 지도자 국가로서의 이미지 구축을 위한 외교적인 노력을 강조하고 있다. 일본은 전통적으로 미일동맹을 외교정책의 핵심 축으로 설정함으로써 동아시아 주변국으로부터 아시아적 가치와 지역공동체 의식보다는 탈아시아적인 역할과 지위향상에 더 많은 관심이 있는 것이 아닌가 하는 의구심을 불러일으키곤 했다. 그러나 최근에 들어 일본은 세계평화의 추구라는 보편적인 외교목표의 성공을 위해서는 아시아와의 우호적인 관계가 선결과제라는 판단이 지배적인 것으로 평가된다. 동아시아 국가들과의 관계 개선을 통해

3) 김태현, "동북아 평화균형자론과 21세기 한국책략," 『정세와 정책』, 2005년 5월호.

이 지역의 안정과 성장을 구체화한다는 '아시아 외교'가 강조되고 있는 것이다.[4)]

한국과 일본은 동북아는 물론 아시아 전역에서 어떤 나라보다도 성공적인 경제성장과 민주주의를 이룩한 국가이다. 동북아시아가 국제안보 및 세계경제에서 차지하는 비중을 고려해 볼 때 이제 이들 두 나라는 동북아의 안정적인 지역안보 유지를 위해 기여하고 협력할 때이다. 과거 냉전기의 경우 한일 외교관계는 미국의 대동아시아 동맹정책에 의해서 결정되는 경향을 보였다.[5)] 1990년대 이후 탈냉전의 안보환경 속에서 안타깝게도 한일 양국은 변화된 미국 동맹정책의 성격을 한일 외교관계에 탄력적으로 적용하지 못했음은 물론이고, 두 나라가 동북아의 안정적인 지역질서 유지를 위해 어떠한 역할을 해야 하는가에 대해서 인식과 전략 모두에서 부족함을 노출하고 있다.[6)] 전 세계적으로 탈냉전의 안보환경이 정착한 지도 언 20년, 안타깝게도 동북아 지역은 여전히 심각한 수준의 안보위협 요인이 존재하고 있고, 따라서 안정적인 국제관계의 정착을 위한 전략 개발이 긴요히 요구되고 있다. 한국과 일본 모두 새로운 집권세력에 의한 외교정책이 수립되고 있고 두 정권 모두 주변국과의 외교관계 강화를 중요한 외교목표로 설정하고 있는 현 시점은 동북아 국제관계의 안정성을 확보할 수 있는 매우 의미 있는 모멘텀으로 이해된다.

4) 진창수, "일본 정세 전망," 『정세와 정책』, 2009년 1월호.
5) Cha, ibid, Ch. 2.
6) 박인휘, "대테러 전쟁 이후 미국동맹전략의 변화와 전망," 『국제문제연구』, 4권 3호, 2004년.

이러한 배경에서 본 연구의 목적은 동북아 국제관계의 안정성 확보를 위한 한국과 일본의 외교관계의 방향성은 무엇이고 향후 어떠한 외교적 과제를 실천해야 하는지를 분석하는 데에 있다. 구체적으로 본 연구는 한국의 국가이익에 기초한 동북아 국제관계의 특징들을 분석한 후 동북아 평화를 위한 한국과 일본의 구체적인 역할 및 외교 과제는 무엇인지 설명해 보고자 한다.

II. 한국의 국가이익과 동북아

1. 한국의 동북아적 정체성

한국과 일본의 동아시아적 책임과 관련해 우선 한국의 국가성이 가지는 동북아적 정체성에 대해서 몇 가지 사항을 강조할 필요가 있다. 첫째, 한국의 지정학적 특수성을 결정짓는 동북아의 안정성은 한반도 평화정착의 필수 전제조건이라는 점과, 그러한 안정성 확보를 위해서는 한반도를 둘러싸고 있는 주변국 간 안정적인 외교관계가 절대적으로 필요하다는 점이다. 대한민국은 주변의 어느 나라도 견줄 수 없을 만큼 '동북아적 정체성'이 강한 나라이다. 역외국가로서 동북아적 이해관계를 가지는 미국은 물론, 20여 개 가까운 국가와 국경을 접하고 있는 중국, 태평양을 접하고 해양국가로서의 전통이 강한 일본, 탈냉전기 이후 동북아적 이익은 추구하지만 스스로 유럽국가로서의 정체성을 확인하고 있는 러시아 등과 비교해 한국은 어느 국가보다도 명백한 동북아적 정체성을 가진다. 그런데 흥미롭게도 19세기 이래로 동북아가 급속히 근대 국제질서의 격랑에 편입되기 시작한 이후 미국을 중심으로 한 미-일 외교관계 및 미-중 외교관계의 안정성이 유지될 때 비로소 동북아 및 한반도의 안정성 역시 유지된 특징을 보이곤 했다.

결과론적으로 강대국 정치(power politics)가 동북아라는 하위단위의 국제관계를 규정한다는 논리이다. 냉전기를 포함해 최근까지 동북아의 안정성은 미국의 패권적 영향력에 의해서 결정되는 경향을 보였다. 글로벌 패권국가와 개별 지역이 맺고 있는 외교관계의 특성은 지역마다 차별성을 보이기 마련이다. 미국의 개입정책이 해당지역에서 어떻게 반응하느냐의 문제는 서유럽, 중동, 남미 등 개별 지역마다 다르게 나타난다. 다만 동북아의(광의로는 동아시아) 경우 현대 국제질서 참여의 일천한 경험, 냉전 대결의 적극적 전개, 미일동맹, 미국의 중국 관리정책 등의 특징으로 말미암아 세력균형자(power balancer)로서의 미국의 역할이 더욱 적극적으로 노출되었음을 부인할 수 없을 것이다.[7)]

둘째로 고려해야 할 사항은 전후 동북아 국제질서 이후 지속적으로 미·중·일 간 삼국관계는 이 지역 지역안보와 관련해 핵심적인 역할을 담당했다는 점이다. 대체로 이러한 삼국관계는 '미·일 대 중국'이라는 비대칭적 속성을 보였다.[8)] 물론 미·일 밀착관계를 미국의 선택으로 보아야 할지 아니면 일본에 의한 선택의 결과로 보아야 할지 속

7) Thomas J. Christensen, "Fostering Stability or Creating Monster? : The Rise of China and U.S. Policy toward Eats Asia," *International Security* 31-1, Summer 2006, pp. 81-126.

8) 박인휘, "동북아 국제관계와 한국의 국가이익 : 미 · 중 · 일 세력관계를 중심으로," 『국가전략』, 11권 3호, 2005.

단하는 것은 어렵다. 비단 일본의 정치경제적 성격과 중국의 정치경제적 성격, 그리고 역사적 반감을 고려할 때 중·일 간 밀착관계가 어려운 점은 인정되나, 그렇다 하더라도 제2차 세계대전을 전후로 한 미국과 일본의 반목과 대결구도를 상기해 보면 미일동맹의 성공적인 운영 역시 쉽게 설명할 수 있는 것은 아니다. 이러한 특성을 고려해 볼 때 동북아 국제관계에서 미국과의 우호적인 상호 의존을 전제로 한국과 일본 사이에 지속적인 협력외교를 전개하는 것은 가치 판단의 영역이 아니라 우리의 국가이익 실현을 위한 객관적인 상황이라는 점을 지적하고 싶다.

셋째, 한국의 동북아적 국가정체성과 관련한 또 다른 고려사항은 미래 시점에서 예상되는 중국과 일본 간의 역내 경쟁의 심화이다. 만약 중국의 국가 현대화 작업이 군사 강대국화로 이어지고 미래 일정 시점에서 안보환경 변화로 인해 중·일 두 나라가 충돌하게 되는 상황이 발생한다면 그러한 충돌은 어떤 형태로든 한반도 문제 및 대만문제와 관련되어 있을 가능성이 크다. "무정부성"을 전제로 한 국제정치학적 분석에서 개별 국가는 과연 얼마만큼의 힘을 확보해야 자국이 안전하다고 생각할 수 있을 것인지, 더 나아가 최소한의 국가안보를 포함해 자국이 만족하다고 느낄 만한 수준의 국력의 크기는 어느 정도인지 등의 문제를 판단하는 것은 지난한 과제이다. 이러한 질문에 대한 국가전략적 판단은 전통적으로 안보 딜레마 함의를 넘어서는 지정학적 특수성, 글로벌 헤게모니와의 관계, 국제정치적 힘의 분산 양태, 세력확장 기회에 대한 해석 등의 요소를 결합한 복잡한 외교정책적 고민으로 이어진다. 동북아의 안정성을 갈구하는 한국의 입장에서는 외교적 노력을 결집해 일본 및 중국과의 공존과 협력을 전제로 한 동북아 지역 안보 창출을 위해 노력해야 할 것이다.

마지막으로 위의 사항과 관련해 '성장하는' 잠재 지역 헤게모니의 세력확장 의지를 제어해 줄 지역적 혹은 국제적 차원의 제어장치가 존재하는가의 문제이다. 안타깝게도 동북아에는 이러한 제어장치가 존재하지 않는다. 물론 고전적인 설명들에 의하면 기존 헤게모니 국가와의 균형 혹은 패권쟁탈 전쟁을 통해 새로운 강대국의 지위가 결정될 수 있지만, 역사적인 사례들을 살펴보면 과거 패권을 추구했던 국가는 '세력균형(balance of power)'보다는 상대적으로 지속적인 '세력확장(power maximization)'을 추구한 사례가 더 많다. 이 과정에서 지역적 차원의 제어장치가 성공한 사례도 있고 또한 실패한 사례도 있음을 알 수 있다. 제1, 2차 세계대전 직전의 독일, 이태리, 구소련, 일본 등은 일정한 수준의 파워에서 만족하기보다는 지속적으로 세력확장을 추구한 사례들을 보여주고 있다.[9] 특히 이와 관련한 유럽과 동아시아와의 비교는 의미 있는 대비를 보여주고 있는데, 유럽의 경우 오랜 산업화의 역사를 경험한 유사한 경제력의 국가들 간에 자연스럽게 지정학적 차원의 상호 억지력이 작용했음을 알 수 있다.[10] 상호 중층적으로 얽혀 있는 국경, 서로 앞서거니 뒤서거니 하면서 경쟁한 자본주의 역사, 과학기술 수준의 일정한 균형 등은 자연스럽게 지역 자체의 세력균형을 확보하게 해주었고, 결국 이러한 전통이 오늘날의 유럽공동체 실험을

9) John Mearsheimer, *The Tragedy of Power Politics* (New York : W.W. Norton and Company, 2001), pp. 168–70.

10) 박인휘, 앞의 글, pp. 12–13 ; 장달중 · 임수호, "부시 행정부의 패권전략과 동아시아 안보 딜레마," 『국가전략』, 10, 2 (2004), pp. 19–20.

가능케 해주고 있는 중요한 원인이라고 본다.

하지만 동아시아의 경우 일본은 오랜 기간 동안 거의 유일하게 선진 산업화를 이룩한 국가였고, 향후의 중국 근대화 프로젝트가 성공한다면 중국과 일본은 동아시아에서 거의 유일한 맞대결 국가로서 존재하게 될 것이다. 따라서 지역 자체 차원의 세력확장 억지장치가 없다고 보아야 한다. 동아시아의 이러한 특징은 더 나아가 이 지역의 국제관계가 제도적으로 발전하지 못하게 하는 요인으로 지적될 수 있다. 제도주의 저발전과 관련한 구조적 요인, 문화적 요인, 역사적 요인 등을 종합적으로 고려해 볼 때 동아시아에 일정한 외연의 제도주의가 정착된다고 하더라도 중국과 일본의 경쟁을 효과적으로 제어하기에는 한계가 있을 것으로 전망된다.[11] 따라서 본 주제와 관련해 한국과 일본이 민주주의, 자유경제, 문화적 다양성 등을 공유하면서 동북아 지역 안보 확보를 위한 외교적 협력을 추구하는 것은 중국 문제를 포함해 역내 안보위협을 제거하는 가장 효과적인 대안이라고 생각한다.

11) Etel Solingen, "East Asian Regional Institution : Characteristics, Sources, Distinctiveness" in T. J. Pempel. ed., *Remapping East Asia : The Construction of a Region*(Ithaca : Cornell University Press, 2005) ; John S. Duffield, "Asia-Pacific Security Institutions in Comparative Perspective," in G. John Ikenberry & Michael Mastanduno, eds., *International Relations Theory and the Asia-Pacific* (New York : Columbia University Press, 2003).

2. 한국의 국가이익과 국가전략

그렇다면 현 시점에서 우리의 국가이익은 무엇이고 이를 실현하기 위한 외교안보전략적 주요 고려사항은 무엇인가? 우리의 국가이익은 한반도적인 수준, 동북아적인 수준, 그리고 글로벌 수준에서 각각 도출해 볼 수 있다. 한반도적 관점에서의 최대의 국가이익은 남북한 갈등구조를 영구히 청산하고 한반도에 민주주의와 시장원리에 기초한 민족통일의 염원을 이룩하는 것이다. 동북아적 수준의 국가이익은 주변 강대국들이 한반도에 대한 영토적 야욕을 갖지 못하게 할 정도의 국력을 갖춤은 물론 이를 바탕으로 동북아 국가들 간 공존과 번영을 함께 추진할 수 있는 지역안보 구조를 정착시키는 일이다. 글로벌한 수준의 국가이익은 세계자본주의 발전에 뒤처지지 않기 위해 선진 자본주의와의 근접성을 항상 유지하며, 보편적이고 초인류적인 가치들을 우리 사회에 효과적으로 적용시키는 일일 것이다.

이상의 국가이익 실현을 위해 다음의 몇 가지 사항을 전략적으로 고려해야 한다. 첫째, 우리와 주변 강대국과의 안정적인 외교관계는 한반도 평화정착의 필수 전제조건임을 명심해야 한다. 물론 우리의 국가이익 실현을 위해 상대적으로 거대한 국력을 소유한 국가들과의 외교관계를 좌우한다는 것은 불가능한 일이다. 다만 결과적으로 한국과 주변국들과의 외교관계에서 일정한 안정성이 발견될 때는 한반도 평화정착을 구체화하기 위한 최적의 시점이라는 설명이 가능하다. 따라서 미일동맹의 효율적 작동이 당연시되고 2001년 9·11 테러 이후 미·중간 외교적 협력이 강조되는 이즈음이 한반도 문제를 해결할 수 있는 최적의 시기라고 본다. 다만 미국이 대테러 전쟁이라는 탈근대적 국제질서 수립에 몰두해 있다는 점이 다소 걸림돌로 작용하고 있긴 하지만, 전 세계적인 규모의 반미연대의 가능성이 희박하고, 중국의 근대화 전략이 국가 최우선 과제로 다루어지며, 일본이 대미 및 대중 외교관계에서 독자적인 목소리를 내는 것이 아직은 부담스러운 상황이 한반도 평화정착의 적기라고 생각한다. 구체적으로 지금부터 5-10년의 기간에 어떤 형태로든 북한문제를 청산하고 한반도 및 동북아의 안정성 확보를 달성해야 한다.

다음으로 동북아 국가들 간 지역안보 유지를 위한 공동의 노력을 가시화해야 한다. 물론 중국의 사회주의 정체성이 다른 행위자 국가들의 정치적 신념과 상충하는 경우 현실주의적 관점에서 지역안보협의체는 오히려 안보 딜레마를 야기할 수도 있겠지만, 상시 대화 채널에 의한 효율적인 네트워크 관리가 이루어진다면 지역안보 논의기구 출범은 반드시 이루어져야 한다고 본다. 많은 국제정치학자들이 북핵문제 논의를 위한 현재의 6자회담이 좋은 출발이 될 수 있을 것이라고 설명한다.[12] 심정적으로는 동조할 수 있지만 현실적으로 6자회담의 대화 모멘텀을 지속적으로 유지하는 것은 대단히 어려운 일이다. 따라서 민

12) 6자회담의 성공 여부에 대한 평가는 물론 향후 6자회담의 모멘텀을 어떻게 지속적으로 유지할 수 있을 것인가와 관련한 다양한 전망이 제기되고 있다. 그럼에도 불구하고 우리 정부는 어떤 형태로든 6자회담을 동북아 안보논의의 장으로 발전시키고자 하는 의지를 갖고 있으며, 미국과 북한 역시 6자 회담 이외에는 북한 문제를 해결할 다른 외교적 대안이 없다는 생각을 갖고 있다. 박인휘, "북핵문제의 복합성, 미국의 딜레마, 그리고 동북아 안보의 변화,"『한국정치외교사논총』, 제28집 2호, 2007 참조.

주주의, 시장경제, 문화적 다원성 등을 공유하고 있는 한국, 일본, 미국 등을 중심으로 경제성장, 거시경제정책, 환경, 교육, 노동력 이동, 문화교류, 테러 등에 대한 공동의 노력을 지속적으로 연결하는 것은 지역안보 확보에 적극적으로 기여할 것으로 전망한다.

마지막으로 세계적 수준에서의 국가이익과 관련해서는 세계 자본주의 경쟁에 적극 참여함은 물론 선진 자본주의의 자본과 기술을 언제든지 활용할 수 있는 선진 산업구조를 갖추는 일일 것이다. 지금까지의 경우 우리의 자본주의 발전은 사실 미국, 일본과 같은 소위 시장경제 연대에서 파생하는 이득에 기인하는 바 적지 않았다. 향후에는 한미일 공조체제를 통한 자본주의 연대가 더욱 필요하다고 생각한다. 어차피 우리가 미국과 일본보다 부유한 국가가 된다든지 혹은 이들 국가보다 선진화된 산업구조를 가진다는 것은 가까운 장래에는 불가능한 일이다. 따라서 차제에 차별화된 산업구조를 바탕으로 세계시장에서의 분업구조를 적극 활용할 필요가 있으며, 일본과의 자유무역협정(FTA) 역시 적극 도입할 필요가 있다고 본다. 또한 안보분야에서 '한미 안보연례회의(SECOM)' 같은 정책조정 기구를 '한미일 안보회의' 형식의 안보논의 상시화로 정착시키고 경제분야에도 도입해 '한미일 경제연례회의(가칭)' 출범을 적극 고려해 볼 수 있다.

III. 동북아 안보의 특징

1. 동북아 지역 안보구조의 상징성

동북아 국제질서는 서구문명과 비교해 볼 때 여러 가지 의미에서 차별적인 근대 국제질서 형성과정을 경험했는데, 한 마디로 유럽의 경우처럼 동등한 국가들 간 상호작용의 결과가 아니라 서구체제의 확산과 전파의 결과라고 볼 수 있다. 동북아에는 아직까지 냉전기 양자적(bilateral) 방식을 통한 주요 안보문제 해결 전통이 남아 있다.[13] 이러한 전통은 "파편화된 양자관계의 복층질서(fragmented array of bilateral relationship)"라는 형태로 제도화되어 있다. 이러한 제도화의 한가운데 미국이 자리 잡고 있는데, 주지하는 바 미국은 냉전기를 통해 동북아 국가로서의 정체성을 상당 부분 확보했다.

소위 칸트적 관점에서 평화의 조건이라고 할 수 있는 '자유 민주주의(liberal democracy)', '경제적 상호 의존(economic interdependence)' 그리고 '다자적 제도(multilateral institution)'가 동북아에는 부재한다(Mandelbaum 2002 ; Doyle 1983, 1997). 여기에는 여러 가지 이유가 있겠지만

13) 많은 학자들이 동북아 국제질서의 불안정성이 과거의 양자적 유산 때문에 비롯된다고 설명한 바 있다. 특히 탈냉전기 직후 이러한 전망들이 많이 제기된 바 있다. 대표적인 주장으로는(Buzan and Segal 1994 ; Friedberg 1993/4) 참조.

가장 중요하게는 유럽문명 국가들과는 비교할 수 없을 정도로 근대 국제질서 편입의 역사가 짧다는 점에 주목할 필요가 있다. 결과적으로 이 지역은 아직도 '안보 딜레마(security dilemma)'가 상존하고 있는데, 구체적으로 전근대적 · 근대적 성격이 혼재하고 있는 대만문제 및 한반도 분단 등이 이 지역의 주요 안보 현안으로 자리 잡고 있다. 이 지역 국가들 간 관계의 제도적 상시화 부재는 근본적으로 이런 문제들에 대한 대처방안을 빈약하게 만들고 있다.

후술하겠지만 현대 동북아 국제관계의 태생적 특징은 미국 중심적 질서에 있다. 본 연구와 관련해 동북아 안보를 위한 한국과 일본의 역할 역시 구체적으로는 미국의 동북아적 이해관계와 개입전략에서 비롯된 바가 크다. 작금의 현실에서 미국의 동북아적 이익은 경제적으로 미국이 견인하는 자본주의 발전의 핵심 에너지원으로서, 그리고 안보적으로 거대한 유라시아 대륙의 효과적인 관리에 필수불가결한 전략적 요충지로서의 의미를 갖는다. 무릇 국제정치를 구성하는 힘의 요소는 그 변인들마다 나름대로 차별성을 갖기 마련인바, 동북아 안보구조의 가장 중요한 독립변수는 미국의 국가이익이 직접적으로 반영되는 서구 중심적 작동원리와 미국적 "보편화 프로젝트"에 스며들 수 없는 "지역적 규모 정치" 간의 간격에 있다. 그렇다면 향후에도 국제정치의 하위단위로서의 동북아 정치와 글로벌 메커니즘과는 독립적으로 운영되는 동북아적 독자단위 간 차별성을 어떻게 성공적으로 관리하느냐가 문제인 셈이다. 구체적으로 거시적이고 글로벌 안보와의 연계성이 강한 사안들에 대해서는 한국과 일본이 미국과의 협력을 통해 해결할 수 있고, 동북아적 특징이 강한 미시적인 사안들에 대해서는 한일 두 국가의 협력이 보다 구체적으로 전개될 수 있을 것이다.

동일한 논리에서 향후 동북아 안보구조의 가장 중요한 사안은 중국의 부상에 따른 미국과의 충돌가능성과 관련된 문제들로 지목된다. '세계 공장' 으로서의 중국 근대화의 의미를 부인할 수도 없고, 그렇다고 중국 강대국화에 따른 국제안보 불안 요인의 심화에 대처하지 않을 수도 없는 일이다. 앞서 언급한 바와 같이 동북아에서 안보위협이 발생하고 여타 세력 간에 물리적인 충돌이 발생한다면 그것은 대만문제 혹은 한반도 문제와 연계되어 있을 가능성이 크다. 한 · 일 간 협력은 이러한 안보부재를 사전에 예방하고 전략적으로 예측함으로써 한국의 국가이익에 도움이 됨은 물론 동북아 지역 안정성에 기여하게 될 것이다. 이와 관련해 중국의 경제성장이 중국으로 하여금 국제사회에서 자신의 역할과 관련해 어떠한 변화를 가져다 줄 것인지, 그리고 이에 대한 미국의 반응이 어떠할지가 주목된다. 특히 미국의 향후 대 동북아 전략과 관련해 "세력균형정책(Defensive Realism)"과 "세력극대화정책(Offensive Realism)" 사이에서의 정책적 선택이 주요 관심사로 부각되고 있다.[14] 한반도 평화통일 과정, 한미동맹 정체성, 미일동맹의 생명력, 북핵문제 해결 등 우리의 핵심 외교 과제가 결국은 어떤 형태로든 중국의 부상과 이에 대한 미국 혹은 일본의 반작용(reaction)과 관련되어 있음을 간과해서는 안 될 것이다. 문제는 동북아 국제관계의 안정성과 관련해 중국과 미국 간 미래 세력충돌을 예방하기 위해서는 한 · 일이

14) 소위 '공격적 현실주의' vs. '방어적 현실주의' 와 관련한 대표적인 이론 소개는 Brooks 1997 참조. 한편, 미국의 패권이 '세력균형(power balancing)' 을 추구할 때와 '세력극대화(power maximization)' 를 추구할 때의 외교정책 개발, 우선순위, 국제정치 전체의 안정성, 패권대결 전망 등과 관련한 현실적인 분석에 대해서는 Snyder 2003 참고.

협력한 제도주의, 상시 외교 대화 채널, 균형자로서의 미국 활용 등의 전략이 절대적으로 필요하다고 판단된다.

2. 미국의 개입과 동북아 안보

논의의 연장선에서 동북아 안보의 주요 특징의 하나인 미국의 역할이 탈냉전기에 어떠한 형태로 전개되고 있는지 살펴볼 필요가 있다. 탈냉전기의 미국은 동아시아 지역에서 '글로벌 패권'으로서의 보편적 역할과 '지역균형자'로서의 지역적 역할을 동시에 수행하기 위해 노력하고 있다. 패권국가적 지위의 세력이 글로벌 구상과 특정 지역에서의 구상을 효과적으로 연결시키는 것은 '미국-동아시아'만의 관계에서 발생하는 일도 아니고, 시기적으로도 현재는 물론 과거 냉전기에도 그러한 노력은 있어왔다. 하지만 최근 동북아 안보구조의 변화로 인해 어떤 형태로든 지리적 역내 국가인 한국과 일본의 역할이 더욱 기대되는 현실이다. 대표적으로 중국의 부상, 양자동맹 안보구조의 한계, 동아시아 지역경제 통합, 역내 다자주의 외교 발달, 동아시아 정체성 개발 등은 각기 논의의 수준과 범위는 다르겠지만 결과적으로 미국의 동아시아적 국가이익을 침해할 수 있는 성격을 가진다고 볼 수 있다.[15)]

15) 대표적인 최근 논문으로는 Joshua Kurlantzick, "Pax Asia-Pacifica? Eats Asian Integration and Its Implications for the United States," *The Washington Quarterly* 30-3, Summer 2007, pp. 67-77 ; Thomas J. Christensen, "Fostering Stability or Creating Monster? : The Rise of China and U.S. Policy toward Eats

주지하는 바 동아시아 지역의 냉전구조 심화를 거치면서 미국은 동아시아 국가로서의 정체성을 확립했다.[16] 과거 냉전기 동안 미국은 동아시아 지역에서 안보, 경제, 민주주의 증진 등의 관점에서 상대적으로 중동, 남미 등의 지역과 비교해서 성공적인 지역전략을 추진한 것으로 평가된다. 탈냉전기를 맞아 미국은 기존 동맹국들과의 관계 강화, 중국과의 외교적인 파트너십, 호주와 뉴질랜드를 포함한 거대 태평양 안보 네트워크, APEC을 통한 동아시아 지역 논의 흡수 등을 통해 지속적으로 동아시아적 이익을 실현하고자 한다.[17] 또한 글로벌화로 말미암은 각종 사회적 제도, 무역, 금융, 인터넷 등의 세계적인 표준화로 인해 동아시아를 미국 중심의 세계질서에 더욱 효과적으로 편입시키고자 노력하고 있다.

앞으로도 동아시아적 국가이익을 실현하기 위한 미국의 노력은

Asia," *International Security* 31-1, Summer 2006, pp. 81-126 ; Mely Caballero-Anthony, "Regional Institutions and regional crises in East Asia : Moving away from 'Comfort Zone'," in Douglas Webber and Bertrand Fort (eds.), *Regional Integration in Europe and East Asia : Convergence and Divergence* (London : Routledge, 2006) 참조.

16) 미국의 개입과 동아시아 냉전 발전에 대한 대표적인 연구로는 Bruce Cumings, *Parallax Visions : Making Sense of American-East Asian Relations at the End of the Century* (Durham, NC : Duke University Press, 1999) ; John G. Ikenberry, "Institutions, Strategic Restraint, and the Persistence of American Postwar Order," *International Security* 23-3, Winter 1998/9, pp. 43-78 ; Michael Schaller, *Altered States : The United States and Japan after the Occupation* (New York : Oxford University, 1997).

17) Daniel Twining, "America's Grand Design in Asia," *The Washington Quarterly* 30-3, Summer 2007, pp. 79-94 ; John G. Ikenberry, "America in East Asia : Power, Markets, and Grand Strategy," in Ellis S. Krauss and T. J. Pempel (eds.), *Beyond Bilateralism : U.S.-Japan Relations in the New Asia-Pacific* (Stanford, CA : Stanford University Press, 2004).

계속될 것이다. 적어도 이러한 노력은 '대안 패권의 성공' 혹은 '고도의 지역 거버넌스 등장'이 이뤄지는 상당한 미래의 시점까지 지속될 것으로 보인다. 이때까지 미국은 지속적으로 '미국 안의 동아시아'와 '동아시아 안의 미국' 경계선 사이에서 효과적으로 정책대안들을 개발할 것이다. 현재의 시점에서 평가하자면 대표적으로 중국의 친국제주의적 실용외교, 북핵문제, 중·일 간 지역경쟁, 다자주의의 부재 등의 요인들을 '미국 중심의 동아시아'를 위한 정당성의 근거로 적극 활용할 것으로 예상된다.[18)]

압축적으로 얘기해서 '미국의 동아시아'를 건설하기 위한 전략적 노력은 다음과 같은 세 가지 차원에서 진행될 것으로 판단된다. 첫째, 미국은 동아시아 안보 부재를 전략적으로 활용해 동아시아가 지속적으로 미국을 필요로 한다는 논리를 재생산할 것이다. 기존의 동맹안보 구조에 느슨한 다자주의 형태의 새로운 '안보협력체제'를 추가로 구축해 미국-동아시아 간 미래지향적인 안보적 결속력을 구축할 것이다. 이 과정에서 한미동맹과 미일동맹은 역내 안보와 글로벌 안보를 연결해 주는 핵심적인 '글로벌-지역' 안보소통 기능을 담당할 것이다. 둘째, 미국은 동아시아의 지속적인 경제성장 및 경제통합은 이 지역의 다자주의적 외교관계를 강화해 결과적으로 국제규범을 준수하게 만들고 미국적 이념과 가치를 수용하게 만들 것으로 기대한다. 동아시아 역내 경제적 통합의 심화는 개방경제, 자유주의, 공정무역 등에 대한 필

18) Kurlantzick,(2007), pp. 74-76 ; Robert Sutter, *China's Rise : Implications for U.S. Leadership in Asia* (Washington, D.C. : East-West Center, 2006), pp. 35-38 ; 박인휘(2007), 앞의 글.

요성을 강조할 것이고, 이러한 변화는 궁극적으로 미국이 제공하는 글로벌 표준을 동아시아가 더욱 적극적으로 받아들이게 만들 것으로 예상한다. 대표적으로 미국–한국–일본으로 이어지는 무역자유화, 공동외교 리더십, 민주주의 연대 등의 형태로 동북아 안정성에 기여할 수 있다. 셋째, 미국은 현재 유지되는 단극적 지위(unipolar moment)의 유지와 새로운 국제 리더십 창출을 위해 '변환외교(transformational diplomacy)'를 추진하고 있다. 대외관계의 지식기반 강화, 공공외교, 비정부 간 외교 등을 중심으로 진행되는 미국의 변환외교는 결과적으로 동아시아가 지속적으로 미국 중심적 질서로 유지되는 데에 기여할 것으로 기대한다.

미국이 창출하는 이와 같은 동아시아적 유인력이 동아시아 역내 국가 및 시민들에게 얼마만큼 흡인력을 가지는가에 대해서는 다양한 판단이 가능하다. 무엇보다도 그러한 판단은 기본적으로 동아시아 지역의 다양한 변화 중에서 어떠한 측면에 초점을 맞추느냐에 따라 현재적인 평가를 불가능하게 하는 측면이 있는가 하면, 또한 동아시아 역내 개별 정치의 특수성 및 불가예측성과 상당 부분 맞물려 있기도 할 것이다.

한 마디로 탈냉전기 이후 동아시아에서의 미국의 이해관계는 이 지역에서 냉전기 동안 확보했던 미국의 안보이익, 경제이익 및 이를 위한 적극적인 '지역균형자'로서의 역할을 지속하는 것이다. 좀 더 구체적으로 살펴보면 우선 미국이 추구하는 일반적인 이익은 '대량살상무기 확산 방지', '지역 패권국가의 출현 저지', '유라시아에서 강대국들 간의 안정 확보', '중동 지역의 평화와 지역 내 영향력 확보', '미국 중심의 경제성장', '민주주의와 자유주의의 전파' 등으로 알려져 있다.[19]

이러한 국가이익을 동아시아 지역에 포괄적으로 적용할 수 있는데, '중국 성장에 대한 안정적인 관리', 일본과 한국 등을 중심으로 한 역내 동맹국가와의 관계 강화', '대만문제와 북한문제 등으로 대표되는 지역분쟁 해결', '세계경제의 심장으로서의 지속적인 역할', '역내 국가들에 대한 적극적인 민주주의 확산' 등으로 이해된다.[20] 이러한 관점에서 한 가지 흥미로운 사실은 탈냉전기 이후 지속되고 있는 북핵문제에 대한 미국의 처리방식은 이러한 이익들에 대한 고려가 복합적으로 집약되어 있음을 잘 보여주고 있다.[21]

참고로 미국의 동아시아 정책을 평가하는 대부분의 사람들은 탈냉전기 미국의 전략이 대체적으로 성공적이었다는 평가와 그렇지 못했다는 이분법적 구분으로 나눠지는 경향을 보인다.[22] 이러한 두 가지 시각의 근원에는 대표적으로 동아시아 경제의 역동성(통합), 역내 다자주의 외교의 발달, 외교관계의 제도화 움직임 등 한 마디로 동아시아 국가들 간의 다양한 통합현상을 어떻게 평가할 것인가 하는 고민이 자리 잡고 있다. 즉 미국의 대동아시아 정책이 성공적이었다는 평가와 관

19) Joseph S. Nye, Jr, "Redefining National Interest," *Foreign Affairs* 78-4, 1999 ; Condoleezza Rice, "Promoting the National Interest," *Foreign Affairs* 79-1, 2000.

20) 박인휘, "미국의 동아시아 인식과 전략," 손열 편 ,『동아시아와 지역주의 : 지역의 인식, 구상, 전략』(서울 : 지식마당, 2006), pp. 206-8 ; 참고로 2006년 NSS (National Security Strategy) 보고서에 의하면 미국의 동아시아 국가이익은 '아시아 시장에 대한 접근', '역내 항구적인 군사력 유지', '적대세력 혹은 반미세력에 의한 동아시아 패권화 방지', '동맹을 통한 군사기지 유지', '민주적 발전 도모' 등이다.

21) 박인휘(2007), pp. 231-33.

22) Christensen (2006), pp. 82-4.

련해서는 탈냉전기 동아시아 지역에서 발견되는 이러한 움직임이 한편으로는 미국의 지속적인 개입의 결과이고, 따라서 미국이 추구하는 보편적인 세계전략과 잘 부합한다고 보는 긍정적인 시각이 자리 잡고 있는 것이다. 이와는 상반되게 동아시아 역내 국가들의 이러한 시도와 부분적인 성공은 궁극적으로 이 지역에서 미국의 영향력을 무력화시키게 될 것이라는 부정적인 시각이 동시에 존재하고 있는 것이다. 한편, 이러한 이분법적 구분이 무의미하다는 주장도 있다. 왜냐하면 긍정적, 부정적 평가 모두 결과적으로 미국에 우호적인 동아시아 질서로 유도하기 때문이라는 것이다.[23] 다시 말해 미국 개입의 결과이든 혹은 동아시아 역내 세력들 간의 자발적인 협력의 결과이든 궁극적으로 동아시아 지역의 변화는 미국이 주도하는 세계 보편적인 작동원리를 보다 적극적으로 받아들이는 결과로 이어질 것이라는 설명이다.

Ⅳ. 동북아 평화를 위한 한국과 일본의 역할

1. 냉전기 서유럽의 함의 : 미국과 한일 협력의 필요성

그렇다면 지금까지 논의한 동북아 안보의 특징들에 대한 이해를 바탕으로 본절에서는 이 지역의 안정적인 성장과 평화를 위해 한국과

23) Christensen (2006), p. 83.

일본 양 국가가 구체적으로 어떠한 역할을 할 수 있을 것인가에 대해서 알아보도록 하자. 냉전기 서유럽이 경험한 정치·경제적 발전은 통상 국제정치학에서 '패권안정 이론'이라는 상대적으로 보수적인 분석틀에 의해서 설명되곤 한다.[24] 동·서 진영 간 대결이 전개되는 국제정치에서 미국의 패권적 영향력은 서유럽 정권들의 안정성과 경제성장의 토대가 되었고, 이러한 발전은 서방진영 전체의 안정성과 발전에 긍정적으로 기여했다는 주장이다. 구체적으로 세계 화폐로서의 달러, 패권국의 거시경제정책, 지속적으로 시장을 확대·통합시키는 능력, 제3세계의 편입 등을 통해 미국의 글로벌 리더십은 공고하게 유지되었던 것이다. 이러한 설명은 관점에 따라 정태적이고 강대국 중심적인 질서를 더욱 고착시킨다는 비판에 직면하곤 한다.[25] 하지만 당시 서유럽의 안정 및 발전경험이 가지는 함의를 현재의 동북아—혹은 광의의 동아시아—에 적용하는 것은 의미가 있다. 특히 냉전기 서유럽의 발전은 일부 내부적인 갈등에도 불구하고 영국, 구서독, 프랑스, 이탈리아 등 서유럽 국가들의 공동의 이해관계와 목표의식에 기반하고 있다는 점에 유념할 필요가 있다.

당시 서유럽의 안정과 발전을 가능케 했던 가장 핵심적인 요인은 "개방경제와 자유무역"의 확산에 있다는 데에는 별다른 이견이 없

24) 대표적인 연구로는 Andrew Wyatt-Walter, "The United States and Western Europe : The Theory of Hegemonic Stability," in Ngaire Woods, ed., *Explaining International Relations Since 1945* (Oxford : Oxford University Press, 1996).

25) 백창재, "패권과 국제정치경제질서 : 패권안정론의 비판적 평가," 『국제지역연구』, 12권 1호, 2003 참조.

다.[26] 그리고 여기에는 미국이 제공한 공공재로서의 국제안보가 국제질서의 전제조건으로 작용했다. 동북아의 경우 역내 국가들 간 다양한 국가이익에도 불구하고 이들 국가들은 세계 어느 지역의 국가들보다도 경제성장의 필요성을 강조하고 있고, 또한 이러한 목표에 대한 목표의식을 공유하고 있다. 한국과 일본이 지정학적으로 매우 독특한 경제국가임은 물론 중국은 최근 수십 년간 지속되어 온 국가 현대화 작업이 향후에도 지속되기를 희망하고 있다. 과거 냉전기 서유럽의 경험을 선별적으로 적용해 보면 한국과 일본은 가치 공유, 정치적 민주주의 강조, 역내 개방경제에 대한 신념, 경제성장을 위한 지역안보 창출 등의 실천을 위해 협력하고 노력하는 것이 동북아 안정성 확보를 위한 가장 중요한 요인임을 확인할 수 있다. 한국과 일본의 협력 필요성과 관련해 안보영역과 경제영역을 구분해 살펴볼 필요가 있다.

안보적 사안의 경우, 현존하는 한미동맹과 미일동맹에 대한 명확한 목표의식과 실천전략적 이해가 필요하다. 동북아 안보와 관련해 현존하는 세력인 미국은 동맹 파트너 국가인 한국과 일본의 중요성을 여전히 높게 평가하고 있다. 대표적으로 두 국가가 이룩한 시장경제, 민주정치, 시민사회, 고도성장, 국제사회에서의 책임의식, 미국과 동아시아 질서에 대한 이해 공유 등으로 인해 미국의 이익을 충족시켜 줄 가장 효율적인 정책대안으로 여겨진다. 여기에는 앞서 언급한 동북아가 지닌 태생적인 지정학적 한계와 관련된 부분이 있는데, 과거 일본 군국주의 출현의 많은 요인 중에서 동북아 및 국제적 수준에서의 제어장치

26) Andrew Wyatt-Walter, ibid, pp. 132-37.

부재가 특히 문제가 되었다고 지적하는 경우가 많다. 하지만 현재의 경우 공고한 기반의 미일동맹은 한편으로 일본의 군사 강대국화를 위한 기반이 되고 있다는 비판이 있지만, 여전히 미일동맹은 국제무대에서 일본의 독자적인 판단과 정책을 제어할 수 있는 억지력으로 작용하고 있다는 평가가 공존하고 있다.

다시 말해 일본의 군사 강대국화를 억제하고 동북아 안보질서를 파괴하지 않도록 하는 적절한 제어장치로서의 기능도 담당한다는 점이다. 미국적 관점에서 보자면 현상유지전략이고 미국의 동아시아적 이익을 원천적으로 보장받기 위한 전략적 선택일 수 있지만, 이는 동시에 일본 보수주의의 우경화를 사전에 예방하는 가장 효과적인 수단이라는 특징을 가진다. 이러한 배경에서 1990년대 이후 일본의 대외 군사안보정책은 미일동맹을 최우선으로 하고 이를 축으로 다자주의 및 다양한 외교적 수단을 강구하는 모습을 보이고 있다.[27]

또한 미일동맹에 대한 미국의 이해는 중국의 부상과 관련된 부분이 핵심적인 내용을 이루고 있다. 21세기 일본과 중국의 외교관계는 미국이 구상하고 있는 동아시아 갈등과 협력의 핵심 요인으로 자리 잡고 있다. 무엇보다도 중국의 경제적 및 군사적 부상과 함께 이를 견제하기 위한 미일동맹의 강화현상이 두드러지고 있다. 탈냉전기 이후 미일동맹 강화 및 '미일방위협력지침개정'과 함께 일본이 자위대의 역할과 행동범위를 확대하는 데 대해 중국은 우려를 표명하고, 중국 위협

27) Christopher W. Hughes & Akiko Fukushima, "US-Japan Security Relations," in Beyond Bilateralism : US-Japan Relations in the New Asia-Pacific, edited by Ellis S. Krauss & T. J. Pempel (Stanford University Press, 2004).

론에 입각한 미일의 중국 봉쇄정책이라고 인식한다. 동시에 중국은 기본적으로 아태 지역에 외국 군대가 주둔하는 데 반대하나 미일동맹과 관련해서는 이중적 입장을 견지한다. 즉 중국은 한편으로 미일동맹이 자신을 봉쇄할 가능성에 주목하면서도 다른 한편으로는 미일동맹이 일본의 군사적 독자성과 핵무장을 견제하는 역할을 동시에 수행한다고 인식하고 있는 것이다.

최근에 들어 일본은 주지하는 바 유엔 상임이사국 진출을 포함해 국제사회에서의 정치적 지위향상을 위해 많은 노력을 기울이고 있다. 하지만 이러한 일본의 외교적 노력이 가져다 주는 교훈은 주변국과의 안정적인 외교관계의 확보 없이는 탈아시아적인 외교역량 확보가 불가능하다는 점이다. 기본적으로 미국은 이러한 일본의 시도에 부정적인 반응을 보이지 않고 있다. 특히 미국은 21세기 테러의 시대에 국제질서의 안정성 확보가 자국의 최대 외교이익으로 이해되고 있는 현실에서 일본과 같은 각 대륙별 지역 강대국의 협조는 절대적으로 필요한 것으로 받아들이고 있다. 이런 배경에서 일본이 UN 진출을 포함해 국제무대에서의 지위향상에 성공한다면 미국은 이를 결과적으로 국제무대에서 자국의 리더십을 강화하는 긍정적인 영향을 야기할 것으로 판단하고 있다.

동북아의 안보는 태평양 및 유라시아 대륙에 이르는 안보 연결고리에 해당하는 지역으로서 이 지역의 안보가 세계안보 확보에 가장 중요한 전제조건으로 작용하고 있다. 한국과 일본의 경우 기존의 미국은 물론 유럽, 동남아시아, 호주 등의 새로운 군사협력 파트너들과의 교류를 통해 글로벌 안보 네트워크를 강화하고, 필요하다면 기존 한미동맹 및 미일동맹을 기능적으로 묶는 동아시아의 'mini-NATO화'를 계획

할 필요가 있다. 동북아는 아직 전통적인 안보위협 요인이 강하게 남아 있으므로 이 지역에서 군사적인 문제와 경제 · 사회적인 문제를 가능한 한 분리시켜 동북아 역내 경제교류를 전제로 한 안보문제 해결이라는 외교적 대화창구 마련을 전략적으로 개발해야 한다.

다음으로 경제적 사안의 경우, 한국과 일본은 우선 탈냉전기 이후 두드러지고 있는 동아시아 경제통합 움직임을 제도적으로 발전시켜야 할 것이다. 동북아, 나아가 동아시아의 경제통합 현상은 동아시아 고유의 지역통합 현상으로 이해되고 있으며, 경제통합이 가속화될 경우 결과적으로 일정 수준의 안보 확보와 함께 '경제성장-안보 확보의 전환효과(spill-over effect)'가 생겨날 수 있다는 주장이 설득력을 얻고 있다. 특히 이 지역의 경제 지역주의의 특징은 이념적 · 정치적 경계를 초월해서 진행되고 있다는 점인데, 이러한 통합은 상위정치에서의 선택이 아니라 시장의 힘에 의한 자율적·경제적 작동원리에서부터 기인하고 있다. 특히 한국, 일본, 중국, 대만 등을 통한 경제협력은 정부 차원의 전략적 선택이 선행된 것이 아니라, 오히려 시장을 중심으로 경제교류가 상당히 진행되고 난 후 정부 차원에서 정책적 대응을 뒷받침하고 있는 현실이다. 이러한 현상에 대해서 한국과 일본은 민간 행위자와 정부 사이의 협력을 전제로 한 다양한 국제적 수준의 제도화를 통해 개방경제의 확대와 자유무역의 강화를 유도해야 할 것이다.[28)]

28) 특히 ASEAN+3의 형성과정에 있어서 미국이 보인 전략적 입장 및 일본을 통한 영향력 활용은 미국이 동아시아 지역주의에 어떠한 입장을 갖고 있는지를 보여주는 대표적인 사례이다. Kuniko P. Ashizawa, "Japan, the United States, and Multilateral Institution-Building in the Asia-Pacific : APEC and the ARF," in Krauss and Pempel (2004) 참조.

한국과 일본이 거시경제정책, 동북아 노동자정책, 동북아통화기금, 그리고 나아가 자유무역협정 등을 통해 지속적인 역내 경제성장을 주도한다면 이것은 하나의 동북아적 규범으로 자리 잡을 수 있을 것이다. 동북아 지역에서 시장의 확산은 궁극적으로 미국적 영향력을 공고화하는 결과로 이어질 수 있다는 지적이 있을 수 있지만, 차제에 형성된 동아시아 지역주의의 흐름과 이미 거대 경제권을 형성한 동북아 경제권은 미국과 일정한 상호 의존적 관계를 유지할 수 있을 것이다. 실제로 미국은 탈냉전기 이후 십수 년 동안 동아시아 주요 국가들과의 무역관계를 지속적으로 강화하고 있다. 미국과 동아시아 국가들 간의 교역량은 탈냉전기 이후 미국과 동아시아 경제 각각의 전체 교역량 20% 이상을 꾸준히 유지하고 있는 가운데 특히 직접투자 부분에 있어서는 급속한 증가를 보이고 있다. 이러한 규모는 미국의 대외교역 수준에서 동아시아가 차지하는 중요성을 잘 보여주고 있다. 특히 중국에 대한 투자와 교역증가는 대동아시아정책의 핵심으로 볼 수 있는데, 중국경제는 세계 경제성장의 심장과 같은 역할을 담당하고 있으므로 미국으로서는 이러한 전제 위에 중국의 성장이 궁극적으로 미국 중심의 세계질서에 더욱 깊숙이 편입되는 기제가 되길 희망한다. 하지만 미국과의 경제교류 강화가 동북아에 대한 미국의 영향력 강화로 연결되는 것으로 보이지는 않는다. 대신 미국을 매개로 한 이 지역 국가들 간 경제교류의 심화는 시장에 대한 가치를 공유하게 되고 무역을 포함한 대외관계의 제도화에 대한 필요성을 제기함으로써 역내 안정성을 촉진하는 요인으로 작용하고 있다. 참고로 아이켄베리(J. G. Ikenberry)의 분석에 의하면 미국의 정책결정자들이 추구하는 동아시아적 실천이 '사상-안보-경제-제도'로 이어지는 일련의 연계성을 지니고 있다고 설명하고 있다.[29] 물론 아이켄베리는 탈냉전기에도 미국을 대체할 만한 역내 세력균형자가 존재하지 않는다고 진단하고 있다. 하지만 미국의 상대적인 중요성은 대체로 감소했다고 볼 수 있다. 이러한 전제 위에서 냉전기를 통해 정착된 미국 군사력에 의한 방어와 미국 시장으로의 경제적 의존은 탈냉전기에도 일정하게 유지되고 있기는 하지만, 미국적 영향력의 감소로 인한 힘의 공백을 이제는 동북아 국가들을 중심으로 한 경제성장과 이를 통해 얻고 있는 동아시아적 관계의 제도화로 매워야 한다. 아이켄베리의 설명을 빌리면 탈냉전기 동아시아의 이러한 움직임은 구체적으로 현실주의적 사상과 자유주의적 사상이 정책 차원에서 효율적인 분업구조를 보이고 있는 것으로 설명된다. 냉전기는 물론 탈냉전기에도 각각 군사력에 있어서 양자주의적 안보 관계가 지속되고 있고, 또한 제도주의적 발전과 관련해 다자주의적인 경제관계가 유지되고 있다고 보고 있다. 본 연구주제와 관련해 한국과 일본이 대표적으로 성취한 '산업적 민주주의(industrial democracies)'는 동북아의 안정성과 지속적인 발전에 중요한 밑거름이 될 것이다. 즉 동북아 및 동아시아 국가들 간에 경제적 상호 의존(economic interdependence)이 심화되고, 다양한 제도적 협력이 이뤄지고 있으며, 이러한 결과는 동아시아 국가들의 국제질서에 대한 책임감 및 역할과 연결되고 있기 때문이다.

29) Ikenberry(2004), pp. 45-51.

2. 북핵문제 해결과 지역안보체로의 발전

동북아 국제관계의 안정성 확보를 위한 한국과 일본의 중요한 역할 가운데 하나는 동북아지역안보협의체와 관련되어 있다. 특히 한일 두 국가가 현재 직면하고 있는 외교적 소원함은 양 국가의 대북정책의 차이에서 비롯되는 바가 크므로 북핵문제 해결과 관련한 한 · 일 양국의 합의를 도출하고, 이를 토대로 동북아 지역 안보 상시화로 발전시키는 노력이 필요한 시점이다. 북핵문제가 가지는 중요한 동북아 함의 가운데 하나는 북핵은 동북아 역내 국가들의 역학관계를 일정한 수준에서 규준하는 역할을 담당하고 있다는 점이다. 무릇 세계정치와 지역정치 사이에는 일정한 유사성과 차별성이 존재하기 마련이고, 개별 지역마다 세계정치와 관계를 맺는 방식은 고유한 차별성을 가진다. 하나의 '지역' 으로서 동북아 역시 미국이 주도하는 국제안보 질서에 대응하는 '균형' 과 '독자성' 을 동시에 보이고 있다.

이러한 동북아적 현실에서 북핵문제가 장기화되면서 결과적으로 관련 당사자 국가들의 안보이익을 결정하는 주요 변수가 되었고, 이러한 과정은 다른 주요 역내 안보 현안들을 일정 수준에서 '한계화(marginalization)' 시키는 작용을 하고 있는 것으로 이해된다. 예를 들어 중-일 간 역내 경쟁구도, 미국의 대중국 봉쇄정책, 동북아 안보다자기구의 부재, 한국의 대미-대중국 외교경쟁 등은 현재의 수준보다 훨씬 악화될 수도 있을 것으로 보인다. 이러한 문제가 완전히 해소되거나 사라진 것은 아니지만, 북핵문제에 대한 지역적 차원의 공동 관리에 대한 인식의 공유는 적어도 이러한 안보 현안들이 필요 이상으로 악화되는 것을 막아주는 구실을 담당하고 있는 것으로 볼 수 있다. 2007년 1월 16일 북미 간 베를린 양자회담 이후에 북핵문제 해결에 대한 미국의 자세가 긍정적으로 바뀌었고, 급기야 2008년 6월 영변 핵시설의 상징으로 여겨지던 냉각탑 폭파로까지 이어졌다. 미국은 현실적으로 대북 종전협정 종결을 포함한 포괄적인 평화협상 등 대안 가능한 모든 정책들을 검토하고 있는 것으로 알려졌다. 현재의 북미 간 핵불능화 논의가 궁극적인 해결로 연결될 수 있는가와 관련한 다양한 의견이 존재하지만, 현재의 외교적 움직임은 북한 문제가 일시적으로 평화국면에 들어설 개연성을 보여주고 있다. 이러한 배경에서 한국과 일본은 북핵문제 해결을 위한 정책 공조를 통해 안보협력 구조를 확보하고 장기적으로 동북아 안보 논의 상시화를 이룩해야 한다.

북핵문제는 기본적으로 미국 중심의 현 동북아 양자동맹 구조의 근본적인 변화를 초래할 수밖에 없다. 현재로선 북한과 미국의 외교관계 정상화 여부 및 그 수위를 예측하는 것은 어렵다. 다만 한 가지 분명한 것은 북한이 자국 주권 확보의 궁극적인 목표를 북미 평화협정 및 양국 간 수교로 설정하고 있는 현실에서 어떤 형태로든 북미 간의 대립구도는 변화할 것이라는 것이다. 이와 맞물려 지금과 같은 한미 및 미일 군사동맹은 근본적인 변화를 맞이할 수 있을 것이다. 현재 논의되고 있는 '한미동맹 미래 비전'이 북미관계의 완전한 해결을 예측하지는 못하더라도 동북아 안보구조의 근본적인 변화에 대한 가능성을 고려해야 할 것으로 보인다.

또한 동북아 지역에서—광의로는 동아시아 지역—미국의 지역 균형자(regional balancer) 역할은 전혀 새로운 모습을 창출하게 될 것이다. 주지하는 바 대립, 개입(혹은 관여), 진영대결, 동맹 등은 미국이 동북아에서 행사해온 패권 표현의 대표적인 방식들이다. 북핵문제의 해결과정과 전개는 지금까지 미국이 행사해 온 방식과는 다소 상이한 리더십을 요구할 수 있다. 구체적으로 동아시아에서 가장 발전한 민주주의를 이룩한 한국, 군사동맹을 넘어 이념동맹으로의 정체성을 축적한 미일동맹, '실리주의'를 발판으로 국제무대에서 미국의 현실적인 힘을 매우 분명하게 인정하고 있는 중국, 이러한 동북아적 환경을 고려할 때 북한을 상대로 한 압박정책에는 한계가 있을 수밖에 없다. 즉 중국의 대북원조와 북한의 핵의지를 강압외교를 통해 포기시킬 수 없는 한 미국은 북한이 추구하는 소위 북한식 '동북아 평화요구전략'에 일정 부분 긍정적으로 대응할 수밖에 없을 것이다. 한 마디로 미국이 지금까지 추구해 온 양자동맹 관리를 통한 지역 안보 관리전략이 어떤 형태로든 일정 부분 수정될 것으로 보인다. 이를 통해 향후에 발생할 동북아 안보관리의 책임을 한국과 일본이 어떤 형태로든 책임져야 하는 시점이 다가오고 있다.

북한문제 해결과 관련해 우리가 가장 명심해야 할 동북아 지역안보의 가장 중요한 전제조건은 '한·미·일' 삼국관계의 '국제협력구조'이다. 이들 삼국 간 외교관계의 안정성은 한반도 평화정착의 필수 전제조건임을 명심해야 한다. 한·미·일 삼국관계에 일정한 안정성이 발견될 때는 한반도 평화정착을 구체화하기 위한 최적의 시점이라는 설명이 가능하다.[30] 그렇다면 구체적으로 북핵문제의 해결을 포함해 한국과 일본은 동북아 안보대화 창구의 상시화를 위해서 무엇을 할

30) 박인휘(2005), pp. 28, 29.

것인가?

이런 배경에서 한국과 일본 내부에 존재하는 강경파와 온건파들 사이에서 발견되는 일정한 유사성은 매우 흥미롭다. 대체로 온건주의자들은 북핵의 주된 목적은 서방세계와의 외교적 협상력을 제고하는 데에 있다고 믿는 반면, 보수주의자들은 북한 정권이 핵개발 의지의 진정한 의도를 알 수 없다고 말한다. 이러한 인식의 차이는 결국 문제해결을 위한 접근의 차이를 야기하고 있는데, 결과적으로 서로의 인식론적 정당성을 강조하면서 보수주의와 온건주의자들 간 대립구도를 보이고 있다. 물론 논점의 핵심은 북한 핵무기가 군사적 목적을 가지느냐 그렇지 않느냐에 대한 판단에 달려 있다. 보수주의와 온건주의자 간 대북한 접근법의 차이의 출발점은 바로 여기에서 비롯되고 있는 것이다. 다만 본 연구의 목적과 관련해 북핵문제의 해결을 위해 한 · 미 · 일 삼국 내부의 온건주의자들 간의 이념적 유대와 정책 공조를 적극 활용해 보자는 점은 매우 의미 있는 발견으로 지목된다.

보다 구체적으로는 한국과 일본 내부의 강경파들은 북핵 프로그램이 더 이상 진전되기를 원하지 않음은 물론 어떠한 형태로든 핵무기 관련 기술 및 물질이 외국으로 수출되는 것을 저지하고자 한다. 북한의 핵개발전략이 추구하는 궁극적인 목적이 분명치 않은 상황에서 북한이 국제사회로부터 정상국가로서의 지위를 확보하기 위해서는 핵 프로그램 폐기가 반드시 전제되어야 한다고 주장한다.[31] 여기에는 무엇

31) James T. Laney and Jason T. Shaplen, "How to Deal With North Korea," *Foreign Affairs*, Vol 82, No. 2 (2003).

보다도 북한 정권에 대한 근본적인 불신의 시각이 작용하고 있는데, 북핵문제에 대한 비난과 우려는 북한 정권의 내부적인 정치 지배구조 및 인권문제 등에 대한 총체적인 관점에서의 부정적인 시각을 전제로 하고 있다. 즉 북한 사회는 어떠한 조건에서도 절대 바뀌지 않을 것이라는 것이다. 이러한 시각에 근거해 일부 강경론자들은 김정일 지배체제와 북한의 일반 시민들을 분리해서 접근해야 한다는 소위 온건한 보수주의자들의 주장에 반대한다.

일정한 시간과 경제적 지원은 궁극적으로 북한 정권을 붕괴와 개혁으로 이끌 것이라는 생각에 반대하면서 보수주의자들은 문제의 핵심은 외부 압박의 효율성을 어떻게 제고하느냐에 있다고 믿고 있다. 이 문제는 동시에 역으로 북한의 관점에서는 어떻게 하면 북핵문제와 관련한 한미일 국제공조체제의 효율성을 떨어뜨리고 이들 국가들 간의 유대를 무효화하느냐가 중요하다는 설명이 가능하다. 이러한 논리의 견지에서 지난 부시 행정부의 경우 6자회담의 성공적인 지속 여부를 북한이 의도하는 국제공조체제의 단절이라는 차원에서 받아들이는 경향을 보였다. 결국 한일 양국의 강경파들은 북한이 어떠한 경우에도 북핵 프로그램을 포기하지 않을 것이며, 동시에 북한의 핵무기는 상당한 수준의 공격적 목표를 견지하고 있다고 거듭 주장한다.

한편, 한일 양국의 온건주의자들은 기본적으로 어떠한 상황에도 북핵문제는 평화로운 외교수단을 통해서 해결되어야 함은 물론 이를 위해 보다 폭넓은 외교수단과 대북 접근방식이 채택되어야 한다는 데에 동의한다. 이러한 생각은 구체적으로 부시 행정부의 일방주의적 접근이 가지고 있는 문제점을 부각시키고 있다. 양국 온건주의자들은 한반도에서 또 다른 무력충돌 가능성에 대해서 반대의사를 확고히 하고 있는데, 논리적으로 이러한 주장을 강조하기 위해서 당연히 북한 정권이 보유한 핵무기가 의미 있는 타격능력을 가지는가에 대해서 보수주의자들의 주장에 선뜻 동의하려 하지 않는다. 그리고 강경파들과 달리 이들은 북한 사회의 궁극적인 변화의 가능성에 대해 열어두고 있다.

특히 양국 온건주의자들의 대북 접근에서 발견되는 의미 있는 점은 현 북핵문제의 해결은 북한 사회가 국제사회의 책임 있는 구성원으로 안착할 수 있는가를 가늠하는 중요한 사안이며, 대화와 협상을 통한 평화로운 북핵문제 해결은 결과적으로 북한 정권이 국제사회의 기준과 규범들을 따르게 만드는 데 결정적인 도움이 된다는 것이다.[32] 다시 말해 보수주의자들의 주장이 받아들여져서 무력사용을 포함한 대북 강경외교정책이 채택된다면 이것은 결국 북한 정권이 가지고 있는 일탈성과 비합법성을 치유하는 데에 아무런 도움이 되지 못한다는 점을 강조하고 있는 것이다. 특히 이들 국제 온건주의자들은 궁극적으로 서울-워싱턴-도쿄로 이어지는 소위 "온건주의 연합" 필요성을 강조한다. 온건주의자들의 유대는 궁극적으로 한·미·일 삼국 간에는 북핵문제의 평화로운 해결과 한반도 평화 정착과 관련한 개별적이고 구체적인 국가이익이 공존하고 있다는 주장과, 동시에 이념적으로 북한 정권의 정상화 과정 및 남북한 정상화 단계는 일련의 평화적 단계를 거쳐야 한다는 주장에서 비롯되고 있다.

그렇다면 문제는 평화로운 대북 협상과정을 유지하면서 궁극적

32) Philip W. Yun, "The Delve We Know in N. Korea May Be Better Than the Ones We Don't," *Los Angeles Times*, May 7, 2003 ; Joseph S. Nye, "Bush Faces a Tougher Test in North Korea," *Boston Globe*, May 7, 2003.

으로 한반도 평화정착을 실현하는 길은 국제 온건주의자들이 대북 협상과정에서 대화와 평화로운 외교수단을 지속적으로 개발하고 현실화할 수 있는 온건주의적 모멘텀을 지속할 수 있느냐에 달려 있다. 다시 말해 국제공조체제를 구조적으로 정착시키고 동시에 한국과 일본 내 온건주의자들 간의 논리적 및 정서적 유대감을 장기적으로 유지하는 것이 중요하다. 물론 외교정책 결정과정에서 일정한 수준의 강경-온건 대결 및 공존은 불가피하므로 대북 협상과정에서도 대화와 강압의 외교정책은 혼재하고 있다. 또한 이들 국제적 수준의 온건파들 간에 정책적 및 이념적으로 완전한 동질성을 발견한다는 것도 불가능한 일이다. 다만 한반도에서의 무력사용은 어떠한 경우에도 있을 수 없으며, 북핵문제 해결을 위한 해법은 그 과정에서 평화로운 수단이어야 궁극적으로 북한 사회를 국제사회에 정상적으로 연착륙시킬 수 있다는 논리의 정당성을 놓치지 말자는 것이다. 일단 북한 정권이 국제사회와의 대화창구에 참여하게 된다면 그러한 모멘텀을 유지하고 지속적으로 재생산하는 일이 중요하다고 판단한다.

3. 동아시아 민주주의와 미래지향적 공동 리더십

다음으로 논의할 한국과 일본의 역할은 안보나 경제와 같은 전통적 영역이 아닌 동아시아 민주주의 확산과 소위 '세계화' 시대에 걸맞는 지역 리더십 모색과 관련한 논의이다. 이라크전을 계기로 전쟁의 정당성과 국제 동의라는 차원에서 미국은 외교정책에 있어서 도덕적 기반의 상실을 고민하게 되었는데, 이러한 현상은 동북아 지역에도 의미 있는 시사점을 전해주고 있다. 민주주의, 인권, 자유 등으로 구성된 도덕적 신념이 미국이 주도한 테러와의 전쟁(War on Terrorism)을 설명하는 근원이었음에도 불구하고 소위 '일방주의' 외교정책 전개과정에서 미국 외교의 이념적 정당성에 대한 대내외적 문제제기가 있었던 것이다.[33] 이와 관련해 다양한 해석이 이뤄질 수 있겠으나 한국과 일본에 주는 함의는 대체로 두 가지로 이해된다. 우선 동북아—혹은 동아시아—에서 한국과 일본의 정체성은 '친절한 봉사자(benign server)', 즉 한국과 일본과의 우호적인 외교관계가 궁극적으로 자국의 국가이익에 도움이 된다는 생각을 하게 만들어야 한다는 지적이다. 과거 '친절한 제국(benign hegemony)'과 관련한 논의는 이미 있었지만 동북아처럼 이질적인 정치 · 경제 · 사회적 구성의 특징을 보이는 지역에서는 대외정책에서 얼마만큼 도덕적 기반을 확보할 수 있느냐가 지역 안정성에 매우 중요한 잣대가 될 수 있다. 외교정책에서의 도덕적 기반과 관련한 논의가 가지는 또 다른 측면은 근대 국제질서 및 산업화의 논리로는 충분히 실현될 수 없는 외교환경의 변화이다. 정보화, 글로벌 네트워크, 국가 간 정보력의 차이, 비정부 행위자 간 외교관계의 급증 등으로 한국과 일본이 향후 활용해야 할 외교자산에 근본적인 변화가 진행되고 있다는 설명이다.[34]

33) 대표적으로 Chalmers Johnson, *The Sorrows of Empire : Militarism, Secrecy, and the End of the Republic*(New York : Metropolitan Books, 2004) ; Ivo H. Daalder and James M. Lindsay, *America Unbound : The Bush Revolution in Foreign Policy* (New York : Wiley, 2005) ; *Emmanuel Todd, After the Empire : The Breakdown of the American Order*(New York : Columiba University Press, 2006).

34) 이상현, "정보화 시대의 군사변환," 하영선 · 김상배 편, 『21세기 세계정치

주권과 대칭적 위협으로부터 해체된 탈근대적 위협이 증가하고 동북아 공동체에 대한 심정적 필요성이 비등하고 있음에도 불구하고 동북아 역내 국가들의 대응방식은 매우 근대적이었다. 한국과 일본이 중국이나 북한처럼 정치사회적인 배경이 다른 국가들을 대상으로 선행적으로 장악한 정치이념과 사회적 가치들이 도덕적으로 옳은 것이라는 확신을 가진다든지, 혹은 다른 국가들을 계도하겠다는 차원에서 외교적인 접근을 한다면 이는 매우 잘못된 방식이 될 것이다. 궁극적으로 동북아에 민주주의를 확산하고 역내 국가들 간 공동의 가치를 공유하기 위한 방향으로 나아가겠지만, 이는 정치·경제적인 자원의 활용이 아니라 정치적 신념, 세계관, 역사의식 등과의 싸움이라는 사실을 깨닫게 된 것이다. 이를 위해서는 이념, 지식, 여론, 정보 등의 외교수단을 활용한 외교전략의 수립이어야 한다. 한국과 일본은 상대적으로 역내 다른 나라들에 비해 민주주의 성과를 이룩했고 사적 영역에서의 정보혁명이 진행되고 있으므로 두 국가가 생산하는 단순한 정보의 전달이 아니라 가치적 지식을 전달해야 한다는 '공공외교'의 중요성을 자각해야 한다.

"공공외교는 한 국가가 정보, 문화, 교육 프로그램에 관해 전략적으로 기획하고 실행해 목표국의 여론 환경에 영향을 미쳐 정치지도자가 자국의 외교정책 목적에 부합하는 결정을 내리도록 하는 행위"로 정의된다.[35] 앞절에서 설명한 동북아 자유경제의 확산은 단순히 상품,

의 변환 : 네트워크 지식국가』(서울 : 을유문화사, 2006) ; 전재성, "21세기 미국의 변환외교," 하영선·김상배 편(2007).

35) 전재성(2006)에서 인용, p. 228.

재화만의 확산이 아닌 가치, 신념, 생각의 확산이 외교적으로 구현되어야 할 것이다.

참고로 이와 관련한 미국의 노력은 좋은 사례연구가 된다. 미국은 국무부 산하 각 주요 지역마다 '공공외교국장(Director of Public Diplomacy)' 직을 두고 있는데, 이들의 외교적 영향력은 최근에 급격히 강화되고 있다. 우선 중국의 경우 중국이 추구하는 실용외교의 중요성을 가능한 한 인정하는 범위 안에서 중국의 안정적인 성장과 국제사회에서의 책임감이 세계평화의 유지를 위해 얼마나 중요한가에 대해서 지속적으로 강조하고 있다. 공식 외교 채널, 민간행위자, 싱크탱크, 정보기관, 학자 등 다양한 참여자들을 활용해 미 · 중 관계의 기반 외교 강화에 주력하고 있다. 심지어 과거 라이스 국무장관은 2006년 세계적인 피겨스타 미셸 콴을 '공공 친선대사'로 임명했는데, 이후 미셸 콴이 중국을 여행하면서 보여준 외교적 성과는 높이 평가되고 있다.[36] 일본의 경우 중국과 비교해 보면 미 · 일 간 외교관계의 전문화가 훨씬 발달되어 있다고 볼 수 있다. 미국 내에는 이미 수많은 계층과 영역에서 '지일파'가 형성되어 있으며, 오랜 기간의 역사를 통해 외교적 기능의 전문화가 잘 이뤄졌다고 평가할 수 있다.

물론 외교관계의 다원화가 본 연구와 관련한 '탈근대적' 외교관계의 핵심적인 내용이라고 보기는 어렵다. 기본적으로 공공외교의 목적은 '관심유도(engagement)', '의견교환(exchange)', '교육(education)', '권능부여(empowerment)' 등으로 알려져 있다.[37] 이러한 목적의 실현은 결

36) 서울신문, 2007년 1월20일 A6면.

과적으로 지식을 매개로 한 구성적 외교의 중요성을 증가시켜 한국과 일본이 확보하고 있는 정보화 능력을 더욱 발휘하게 만들어 동아시아 역내 국가들 간의 세력관계를 더욱 비대칭적으로 만들 수 있을 것으로 보인다. 새로운 외교환경을 맞이해 한국과 일본은 근대적 권력자원이 아닌 지식, 정보, 가치, 신념 등으로 구성된 사람의 '마음과 생각을 움직이게 하는' 외교수단에 의존해야 한다. 동아시아의 경우 서대양 문명국가들과는 비교할 수 없는 문화적 차이로 인해 미국에게 주어진 '탈근대적' 리더십의 과제가 더욱 어려운 과제일 수 있다. 주지하는바 동북아에 산적한 문제가 가지는 특징은 역사적인 근원, 근대-탈근대적 문제의 공존, 근본적인 신뢰 부족 등인 관계로 소위 '구성적' 외교 능력의 개발이 절대적으로 필요한 실정이다.

4. 동아시아 지역주의와 한·일의 역할

동북아 국제관계의 안정성을 위한 한국과 일본의 역할과 관련한 마지막 분석대상은 최근 관심의 대상이 되고 있는 동아시아 지역주의와 관련한 논의이다. 기본적으로 지역주의는 "일정한 지역 내의 국가들이 경제적 상호 의존도를 공동의 협력으로 심화하는 정치적 현상"이다. 이러한 개념적 정의를 좀 더 광의로 해석해 무역, 금융뿐만 아니라 안보, 사회 등의 영역에서 일정한 역내 국가들 간 관계의 제도화가 정

37) 전재성, 전게서, p. 230.

착되고 이를 토대로 지역적 안정성이 제고되는 현상을 의미한다.[38] 결론적으로 얘기해서 동아시아적 지역주의가 궁극적으로 동아시아 국가들의 대외관계를 일정한 수준의 제도적 관행으로 수렴하게 만드는 중요한 밑거름이 될 것으로 기대한다. 경제교류의 심화를 통한 지역주의의 발견은 무역, 금융, 관세 등의 수준에서 역내 국가들 간 관계의 제도화를 촉진했고, 특정 국가의 의도에 의해서건 혹은 의도와는 무관하건 이러한 제도화는 결과적으로 동아시아에 내부에서 제도적으로 앞선 국가에 대한 거부감을 없애줄 것이라고 설명한다.[39]

현재 동북아 및 동아시아에서 발견되는 지역주의 현황을 살펴보면서 설명하면 다음과 같다. 과거 ASEAN 국가들은 미국과 일본에 의한 개입이 과도해지는 것을 우려하면서 1994년 동아시아의 새로운 안보논의 기구인 ASEAN Regional Forum(ARF)을 제안, 출범하게 된다. 여기에는 기존의 ASEAN-PMC 참여국과 캐나다, EU, 중국, 러시아, 베트남, 라오스, 그리고 파파뉴기니가 참여하게 된다.[40] ARF의 기본적인 성격은 미국이 동아시아에서 확보한 안보이익을 해치지 않으면서 동시에 기존 ASEAN 국가들의 안보 논의 참여 기회를 확대하는 선에서 마무리 되었다. 1995년에 열린 제2차 ARF 회담에서 ARF가 향후 논의할 안보협력의 구체적인 방안들을 논의하게 되는데, 구체적으로 1) 신뢰 구축(Confidence Building), 2) 예방적 외교(preventive diplo, macy), 3) 갈

38) Christensen(2006), pp. 92-96 ; May T. Yeung, Nicholas Perdikis and William A. Kerr, *Regional Trading Blocs in the Global Economy*(Edward Elgar, 1999).
39) Christensen(2006), pp. 89-91.
40) 후일 인도가 1996년 북한이 2000년 각각 ARF에 정식 회원국으로 참여하게 된다.

등 해소(conflict resolution) 등이었다. 실제로 참여국 간 국방백서를 포함한 주요 문서 교환, 다양한 논의 수준에서의 안보 대화, 고위 관료급 대화창구 개설 등의 가시적인 성과가 도출되기에 이른다.

ARF와 함께 동아시아 안보 지역주의의 대표적인 시도라고 평가할 수 있는 기구로는 Council for Security Cooperation in the Asia Pacific(CSCAP)과 Asia Security Conference(ASC)를 들 수 있겠다. 기준에 따라 다소 상이한 평가가 있을 수 있겠지만 통상 CSCAP은 동아시아의 안보 의제를 논의하는 가장 대표적인 비공식기구로 평가되고 있다. 1993년 5개 ASEAN 국가와 미국, 일본, 한국, 캐나다, 호주 등 총 10개 국가에 속한 안보 연구기관들이 주도해 결성된 공동연구협의체로서 이해된다. 동아시아적인 용어로 표현하자면 CSCAP은 국방, 외교 관련 관료들이 학자들과 함께 민간인 신분으로 참가함으로써 소위 "TRACK II" 형식을 취하고 있는 것이다. ASC 역시 안보, 외교분야의 전문가들이 참여하는 비정부기구 간 협의체이다. 한, 미, 일, 중국, 호주, 인도 및 ASEAN 국가들이 참여하고 있다.

동아시아가 지향하는 경제 지역주의는 소위 '개방적 지역주의'이다. 특히 미국의 경우 일본을 앞세워 동아시아 국가들만의 배타적인 경제통합을 반대하고 있으며, 대신 비차별적이고 다자주의적 포괄성을 지향하는 다자주의를 옹호하고 있다. APEC의 경우 1994년 '보고르 회의'에서 오는 2010년까지 선진 회원국들 간 자유무역과 투자를 실현하고, 2020년까지 개도국 회원들의 자유무역과 투자를 실현한다는 약속을 천명한 바 있다. 1990년대 후반에 접어들면서 APEC은 중대한 위기를 맞이하는데, 1997년 밴쿠버 회의에서 합의한 "분야별 자발적 조기 자유화(Early Voluntary Sectoral Liberalization)" 계획이 다음해인 1998년에 폐기된 것이다. 가장 중요한 이유로는 당시 1997년 하반기를 전후로 한 동아시아 외환위기를 경험하면서 일본을 포함한 몇몇 국가들이 특정 분야의 조기 자유화에 적극 반대했기 때문이다. 문제는 이를 계기로 APEC은 단지 공동으로 구성된 자문위주의 만남이라는 지위로 하락하게 되었다는 사실이다.[41] 하지만 미국은 최근 들어 APEC의 중요성을 다시금 강조하고 있는데, 비록 제도적인 구속력은 떨어지지만 동아시아의 배타적인 지역주의를 배제하는 기능을 수행하기에는 충분하다고 판단하고 있다.

금융영역에서의 일본의 지역주의적 시도는 매우 흥미로운 시사점을 주고 있다. 1966년 설립된 아시아개발은행(Asian Development Bank)은 이 지역 최초의 국제금융기구이다. 비록 설립과 관련한 상당 부분의 자금이 미국, 캐나다 등 비아시아권 국가들로부터 유래했다고 하더라도 아시아 국가들이 직면한 금융문제를 초국가적 국제기구를 통해 해결하고자 시도했다는 차원에서 의미 있는 기구였다고 볼 수 있다. 탈냉전기 이후의 시간으로 건너와 보면 일본은 1990년대를 넘어서면서 일본 주도의 동아시아 금융기구를 만들려고 시도하고 있다. 미국은 이러한 일본의 시도에 반대의사를 분명히 밝힌 바 있다. 통상 1997년 외환위기 전후로 일본의 동아시아 금융협력안이 구체화된 것으로 알려져 있지만, 실제로는 1995년 무렵부터 동아시아 통화협력과 관련한 논의를 본격 제기했다. 1995년 4월 호주, 뉴질랜드 등을 포함해 ASEAN 국

41) Richard Feinberg and Ye Zhao, *Assessing APEC's Programs : Trade, Ecotech and Institutions*(Singapore : Institute of Southeast Asian Studies, 2001).

가들과 통화협력체를 창설하고자 시도하지만 ASEAN 국가들의 반대에 부딪혀 뜻을 이루지 못하게 된다. 결국 ASEM 회의가 시작되는 1996년에 이르러 일본은 기존에 주장하던 광의의 동아시아 통화협력에서 양보해 ASEAN + 3의 형태인 '동아시아 금융 지역기구안'에 합의한다. 이 과정에서 동남아 국가들이 호주와 뉴질랜드의 합류에 반대했고 일본은 이를 받아들여 절충한 형태의 협의체가 탄생한 것이다. 물론 ASEAN + 3는 경제협력을 위한 엄격한 의미의 국제제도가 아니라 비아시아 국가들과의 논의창구 수준에 지나지 않는다는 점이 일본과 동남아 지역의 입장 차이를 좁히게 만드는 중요한 계기가 되기도 했다.

동아시아 금융제도화와 관련한 미국의 입장을 가장 효과적으로 가늠해 볼 수 있는 사례는 역시 동아시아 외환위기 이후 일본이 동아시아통화기금(Asian Monetary Fund) 안을 내놓게 되고 여기에 대한 미국의 입장일 것이다. 결론적으로 얘기하면 1997년 9월 일본은 동아시아 통화기금 창설을 발표했고 미국은 이에 적극 반대했다. 주지하는 바 여기에는 다양한 차원의 이유가 자리 잡고 있는데, 기존 IMF의 영향력 감소 우려, 동아시아 자본주의에 대한 미국의 지배력 약화, 일본 중심의 동아시아 경제 재편 등이 주된 요인으로 작용하게 된다.[42] 외환위기 이후 시간이 경과하면서 동아시아 경제 개선을 위한 IMF 대처방식에 대한 비난의 여론이 높아지자 미국은 일본의 AMF 제안 이외의 방안들, 즉 '마야자와 구상'이라든가 '치앙마이 구상' 등에 대해서는 찬성의 입장을 보인다. 왜냐하면 기본적으로 이러한 제안들은 AMF와 달리

42) 참고로 중국 역시 일본의 이러한 제의에 반대 의사를 분명히 한다.

개별 국가의 경제금융정책에 구체적인 영향을 미치는 영구적인 성격의 지역기구라기보다는 일정한 시기 동안의 한시적인 목적의 개선책이라는 성격을 가지기 때문이다.

한마디로 한국과 일본은 동아시아 지역의 지역주의와 관련해서도 매우 적극적인 노력을 보이고 있다. 이미 오래 전부터 일본은 동남아 국가들에 대한 해외원조개발지원(ODA)을 대규모로 실행해 왔음은 물론 동아시아 역내 다양한 지역 제도주의 시도에 주도적인 역할을 담당하고 있다. 한국 역시 동북아적 국가정체성으로 인해 동북아 및 동아시아 차원의 지역적 협력의 중요성을 깊이 인식하고 있다. 다만 미국과의 외교적 특수성으로 말미암아 한국의 역내 지역주의 전략개발 자체가 매우 제한적이었던 것은 사실이다. 한국과 일본은 APT 출범과정과 관련해 미국의 동아시아적 이익을 해치지 않도록 역내 국가들 간의 결속력을 강조하는 ASEAN 국가들과 충돌하곤 했다. 특히 이 부분은 미국과 일본의 이해관계가 상당히 밀접한 수준에서 수렴되고 있다. 즉 일본은 자국이 동아시아 역내에서 독자적인 지도력을 구축하는 데에는 아직까지 한계가 있다는 점을 잘 알고 있다. 특히 중국이 1990년대 중반 이후 다자주의 외교에 적극 관심을 보이면서 동아시아 지도국가 지위를 놓고 중국과 더욱 치열한 외교전을 벌여야 하는 형국이다. 이런 과정에서 일본은 미국을 활용해 자국 내 리버럴들의 공격으로부터 자유로운 동시에 동아시아 역내 국가들에게 '미국 명분'을 활용한 외교전을 전개하고 있는 것이다.

V. 맺음말

동북아는 여러 가지 이유에서 매우 독특한 지역적 특수성을 보인다. 해양세력과 대륙세력이 충돌하는 지점, 서양문명과 동양문명이 교류하는 지점, 유라시아 대륙과 태평양 사이의 이해관계를 가지는 세계 최강대국들이 운집한 지점 등이 대표적인 예이다. 근대적 개념의 주권 개념이 보편적으로 정착된 것이 20세기 중반의 시점이므로 아직까지 국제관계의 안정성 확보에 많은 어려움을 겪고 있다. 무엇보다도 전근대, 근대, 탈근대적 안보위협 요인이 공존하고 있고, 경제적 이익을 달성하고자 하는 역내 국가들의 목표의식은 매우 분명하지만 그러한 공동의 목표를 실천하기 위한 공동체적 노력이 무엇이어야 하는가에 대한 관점은 아직 정립되어 있지 않다. 특히 냉전기의 경험에서 보듯 미국의 군사·경제적 개입으로 인해 지역질서 안정성은 상당 부분 해결되었고, 이러한 전통을 탈냉전기적 환경에서 극복하고자 하는 구체적인 노력이 아직은 가시적이지 않은 상황이다.

본 연구는 동북아는 물론 동아시아 지역에서 상대적으로 민주주의 발전을 경험하고 효율적인 경제성장을 이룩한 한국과 일본이 동북아 지역안정성 확보를 위한 공동의 외교적 노력과 지역 리더십을 발휘해야 함을 강조하고 있다. 공교롭게도 2008년 이후 한국과 일본은 새로운 집권세력의 등장으로 인한 외교정책의 전환기를 맞이하고 있다. 두 국가 모두 주변국 외교의 중요성을 강조하고 있으며, 동북아의 안정성이 양국의 국가이익에 매우 중요한 전제조건이라는 점에 주목하고 있다. 따라서 최근 한일 외교관계의 실종을 복원하고 동북아 지역 안정성 확보를 위한 구체적인 노력을 경주해야 한다는 공감대가 형성되고 있다.

이 연구는 본문을 통해 동북아 지역 안보가 가지는 특성을 미국의 역할, 안보위협 제거를 위한 역내 자체 메커니즘 부재, 역내 국가들 간 정치사회적 배경의 이질성 등의 차원에서 설명했다. 그리고 향후 동북아 국제관계의 안정성 확보를 위해 1) 과거 서유럽의 성장 사례에서처럼 개방경제의 확대를 추진하고, 2) 북핵문제 해결 및 이를 통한 안보대화 창구의 상시화를 추진하며, 3) 정보화 시대에 맞는 국가 간 신뢰를 확보할 수 있는 공공 외교역량 강화는 물론, 4) 최근 급증하고 있는 동북아(동아시아) 지역주의를 적극적으로 활용할 것을 강조하고 있다. 동북아는 아직 안정적인 외교관계의 정착 혹은 지역공동체 정체성 창출이 어려운 지역이다. 한국과 일본의 미래지향적 협력구조가 동북아 국제관계의 안정성을 확보하는 중요한 토대가 되어야 할 것이다.

참 | 고 | 문 | 헌

김기석. "일본의 동아시아 지역주의전략." 『국가전략』. 13권 1호. 2007.

김성철. "주일미군의 재편과 미일동맹의 심화." 『세종정책연구』. 2권 2호. 2006.

_____. "일본 후쿠다 내각의 외교정책." 『정세와 정책』. 2007년 11월. 2007.

김태현. "동북아 평화균형자론과 21세기 한국책략." 『정세와 정책』. 2005년 5월. 2005.

백창재. "패권과 국제정치경제질서 : 패권안정이론의 비판적 평가." 『국제지역연구』. 12권 1호. 2003.

박인휘. "북핵문제의 복합성, 미국의 딜레마, 그리고 동북아 안보의 변화." 『한국정치외교사논총』. 제28집 2호. 2007.

_____. "미국의 동아시아 인식과 전략." 손열 편. 『동아시아와 지역주의 : 지역의 인식, 구상, 전략』. 서울 : 지식마당. 2006.

_____. "동북아 국제관계와 한국의 국가이익 : 미중일 세력관계를 중심으로." 『국가전략』. 제11집 3호. 2005.

_____. "대테러전쟁 이후 미국 동맹전략의 변화와 전망." 『국제문제연구』. 제4권 3호. 2004.

이상현. "정보화시대의 군사변환." 하영선 · 김상배 편. 『21세기 세계정치의 변환 : 네트워크 지식국가』. 서울 : 을유문화사. 2006.

장달중 · 임수호. "부시행정부의 패권전략과 동아시아의 안보딜레마." 『국가전략』. 제10집 2호. 2004.

전재성. "21세기 미국의 변환외교." 하영선 · 김상배 편. 2006.

진창수. "일본의 동아시아 지역주의." 『세종정책연구』. 2권 1호. 2006.

Armacost, Michael H. "What's ahead for US Policy in Asia?" PacNet 1. January 2005.

Ashizawa, Kuniko P. "Japan, the United States, and Multilateral Institution–Building in the Asia–Pacific : APEC and the ARF" in Ellis S. Krauss and T. J. Pempel (eds.). *Beyond Bilateralism : U.S–Japan Relations in the New Asia–Pacific*. Stanford : Stanford University. 2004.

Caballero–Anthony, Mely. "Regional Institutions and regional crises in East Asia : Moving away from 'Comfort Zone'" in Douglas Webber and Bertrand Fort (eds.). *Regional Integration in Europe and East Asia : Convergence and Divergence*. London : Routledge. 2006.

Cha, Victor. *Alignment despite Antagonism : The United States–Korea–Japan Security Triangle*. Stanford : Stanford University Press. 2000.

Christensen, Thomas J. "Fostering Stability or Creating Monster? : The Rise of China and U.S. Policy toward East Asia." *International Security* 31–1. Summer 2006.

_____. "China, the US–Japan Alliance, and the Security Dilemma in East Asia" *International Security* 23–4. Spring 1999. President Bill Clinton Speech (Asia Society. 1997년 10월 24일). http://www.asiasociety.org/speeches/clinton–speech.html (검색일 : 2008. 5. 10).

Cumings, Bruce. *Parallax Visions : Making Sense of American–East Asian Relations at the End of the Century*. Durham : Duke University Press. 1999.

Curtis, Gerald L. "East Asia, Regionalism, and US National Interests : How Much Change?" *American Foreign Policy Interests* 26. 2004.

Daalder, Ivo H. and James M. Lindsay. *America Unbound : The Bush Revolution in Foreign Policy*. New York : Wiley. 2005.

Duffield, John S. "Asia–Pacific Security Institutions in Comparative Perspective" in G. John Ikenberry & Michael Mastanduno. eds.. *International Relations Theory and the Asia–Pacific*. New York : Columbia University. 2003.

Ellings, Richard J. and Edward A. Olsen. "A New Pacific Profile." *Foreign Policy* 89. Winter 1992/3.

Feinberg, Richard and Ye Zhao. *Assessing APEC's Programs : Trade, Ecotech and Institutions*. Singapore : Institute of Southeast Asian Studies. 2001.

Green, Michael M. *Japan's Reluctant Realism : Foreign Policy Challenges in the Era of Uncertain Power*. New York : Metropolitan Books. 2001.

Green, Michael M. and Mike M. Mochizuki. "The U.S.-Japan Alliance in the Twenty-first Century." *Study Group Papers*. New York : Council on Foreign Relations. 1998.

Harding, Harry. "Change and Continuity in the Bush Administration's Asia Policy" in Robert M. Hathaway and Wilson Lee (eds.). George W. Bush and East Asia : A First Term Assessment. Washington DC : Woodrow Wilson International Center for Scholars. 2005.

Hatch, Walter and Kozo Yamamura. *Asia in Japan's Embrace : Building a Regional Production Alliance*. Cambridge : Cambridge University Press. 1996.

Hughes, Christopher W. and Akiko Fukushima. "U.S.-Japan Security Relations-Toward Bilateralism Plus" in Ellis S. Krauss and T. J. Pempel (eds.), *Beyond Bilateralism : U.S.-Japan Relations in the New Asia-Pacific*. Stanford : Stanford University Press. 2004.

Ikenberry, John G. "America in East Asia : Power, Markets, and Grand Strategy" in Ellis S. Krauss and T. J. Pempel (eds.). *Beyond Bilateralism : U.S.-Japan Relations in the New Asia-Pacific*. Stanford : Stanford University Press. 2004.

_____. "Institutions, Strategic Restraint, and the Persistence of American Postwar Order." *International Security* 23-3. Winter 1998/9.

Johnson, Chalmers. *The Sorrows of Empire : Militarism, Security, and the End of the Republican*. New York : Metropolitan Books. 2004.

_____. "Rethinking Asia." *The National Interest*. 1993.

Kaul, Inge, Isabelle Grunberg, and MarcStern (eds.). *Global Public Goods : International Cooperation in the 21st Century*. Oxford : Oxford University Press. 1999.

Kelly, James A. "George W. Bush and Asia : An Assessment" in Robert M. Hathaway and Wilson Lee (eds.). George W. *Bush and East Asia : A First Term Assessment*. Washington DC : Woodrow Wilson International Center for Scholars. 2005.

Kurlantzick, Joshua. "Pax Asia-Pacifica? East Asian Integration and Its Implications for the United States." *The Washington Quarterly* 30-3. Summer 2007.

_____. "Pax Asia-Pacifica : Asia's Emerging Identity and Implications for U.S. Policy." Pacific Council on International Policy and USC Center for Public Diplomacy 2007 (http://www.pacificcouncil.org/pdfs/KurlantzickReportFinal. pdf 검색일 : 2008. 5. 30).

Layne, Christopher Layne. *Peace of Illusions : American Strategy from 1940 to the Present*. Ithaca : Cornell University Press. 2006.

Luck, Edward. "The United States, International Organizations, and the Quest for Legitimacy" in Stewart Partick and Shepard Forman (eds.). *Multilateralism and U.S. Foreign Policy : Ambivalent Engagement*. Boulder : Lynne Rienner. 2002.

Mearsheimer, John. *The Tragedy of International Politics*. New York : W.W. Norton and Company. 2001.

Nye, Joseph S. Jr. "Redefining National Interest." *Foreign Affairs* 78-4. 1999.

Powaski, Ronald E. *The Cold War : The United States and the Soviet Union, 1917-1991*. Oxford : Oxford University Press. 1998.

Rice, Condoleezza. "Promoting the National Interest." *Foreign Affairs* 79-1. 2000.

Schaller, Michael. *Altered States : The United States and Japan after the Occupation*. New York : Oxford University. 1997.

Solingen, Etel. "East Asian Regional Institution : Characteristics, Sources, Distinctiveness". in T. J. Pempel (ed.). *Remapping East Asia : The Construction of a Region* (Ithaca : Cornell University Press. 2005).

Snyder, Jack. "Imperial Temptation." *The National Interest* 71. 2003. Sutter, Robert. *China's Rise : Implications for U.S. Leadership in Asia*. Washington DC : East-West Center. 2006.

Todd, Emmanuel. *After the Empire : The Breakdown of the American Order* (New York : Columbia University Press. 2006.

Twining, Daniel. "America's Grand Design in Asia." *The Washington Quarterly* 30-3. Summer 2007.

Walt, Stephen Walt. *Taming American Power ; The Global Responses to US Primacy*. New York : W.W. Norton and Company. 2005.

Wohlforth, William C. "The Stability of a Unipolar World." *International Security* 24-1. 1999.

Wyatt-Walter, Andrew. "The United States and Western Europe : The Theory of

Hegemonic Stability." in Ngaire Woods(ed.). *Explaining International Relations Since 1945*. Oxford : Oxford University Press. 1996.

Yeung, May T. Nicholas Perdikis and William A. Kerr. *Regional Trading Blocs in the Global Economy*. New York : Edward Elgar. 1999.

Zoellick, Robert Zoellick. "Whither China : From Membership to Responsibility?" Issued by the US Department of State. Sep. 21. 2005(http://www.state.gov/s/d/rem/53682.htm 검색일 : 2008년 5월 20일).

제3장

한일 FTA의 가능성과 한계[1)]

김석우(서울시립대학교)

I. 머리말

국제무역체제가 1990년대 이후 빠르게 다자주의에서 지역주의로 전환하는 모습을 보여왔다. 에씨어(Ethier)는 이런 현상을 설명하기 위해 "지역주의가 지배하고" 있다고 선언했다.[2)] 이러한 시대적 조류에 부응해 한국 정부 역시 이러한 추세를 인식하고, "지역주의의 추구는

1) 이 논문은 저자의 영문 논문인 Kim, Seokwoo, "The Political Economy of FTA Formation between Korea and Japan : From the Korean Perspective," *The Korean Journal of Area Studies* 24-2(2006), pp. 277-296을 국문으로 번역하고 시대 상황에 맞추어 수정한 것임을 밝힘.

2) Ethier, Wilfred, "Regionalism in a Multilateral World," *Journal of Political Economy* 106(1998), pp. 1214.

선택의 문제가 아니라 생존의 문제이다"라고 선언하기에 이른다.[3] 국가들이 경쟁적으로 지역주의를 추구하면서 국가들은 또한 이러한 경쟁에서 뒤처지는 것을 걱정해야만 하는 상황이 도래했다. 1990년대 이후 국제사회에서 관찰되고 있는 새로운 지역주의의 핵심은 지역적 경제협력이다. 특히 이러한 지역적 경제협력은 자유무역지대의 형성 혹은 관세동맹지역의 형성 형태로 나타나고 있고, 일부 지역에서는 통화협력과 단일시장의 형태로 나타나기도 한다. 지역적 경제협력은 이 협력에 참여하는 국가들이 차별적 특혜대우를 받는다는 의미에서 기본적으로 차별적 요소를 내포하고 있다. 따라서 국가들이 어느 정도의 대외경제관계를 유지하고 있는 상황 하에서 지역경제협력에서 소외된다는 것은 부정적 의미의 차별적 대우를 받는다는 것을 의미하는 것이고, 따라서 경제적 손실을 입게 된다는 것을 의미하는 것이다. 1947년 GATT [관세와 무역에 관한 일반협정(General Agreements on Tariffs and Trade)]의 창설 이후 지역무역협정의 수는 1990년대 초까지 완만하게 증가했다. 그러나 그 이후 지역무역협정의 수는 기하급수적으로 증가하는 모습을 보이고 있고, 지역무역협정의 추구와 체결이 국가외교전략에서 매우 중요한 사안으로 자리 잡게 된다.

경제적 지역주의가 확대되고 심화되며, 이로 인해 지역무역협정의 수가 크게 증가하면서 각 국가는 두 가지 중요한 선택에 직면하게 되었다. 첫째는 각 국가가 자신의 대외 경제외교정책의 방향과 내용을 설정하고 전략을 수립하는 것이다. 완전개방시장과 완전폐쇄시장이라

3) Minister for Trade, MOFAT, March 25, 2005.

는 두 극단 사이의 어떤 위치를 선택하는 데 있어서 각 국가는 그 위치에 도달하기 위한 특정 전략을 채택해야만 할 것이다. 이러한 전략은 다자주의, 지역주의, 일방주의의 형식을 취할 수 있고, 혹은 이러한 다양한 전략들의 조합으로 나타날 수도 있다.

두 번째 선택은 만약 한 국가가 지역주의 경쟁에 참여하는 경우, 과연 지역주의 협력대상 국가를 어떻게 설정하는가에 관한 선택이 될 것이다. 또한 각 국가는 지역주의를 위한 협력대상 국가의 수를 결정해야 하는 것이다. 지역주의를 위한 협력대상 국가를 선정하는 데 있어서 각 국가는 자신이 추구하는 목표, 자신의 전략, 지역주의의 형태, 그리고 지역주의의 심화 정도를 모두 고려해서 결정해야 할 것이다. 특히 목표와 관련해서 각 국가는 정치적 목적과 경제적 목적을 동시에 고려해야 하고, 또한 국내적 수준의 목적과 국제적 수준의 목적도 동시에 고려해야만 하는 것이다. 각 국가는 이렇게 설정된 목표들을 달성하는 데 최선의 전략을 고려해야만 한다. 각 국가는 양자 간 지역무역협정 추진 전략을 채택할 수도 있고, 다자 간 지역무역협정 추진 전략을 채택할 수도 있다. 다자 간 지역무역협정 추진 전략을 채택하는 경우, 최소주의 전략을 채택할 수도 있고, 반대로 최대주의 전략을 채택할 수도 있다. 그리고 각 국가는 지역경제협력을 무역 사안에만 한정할 수도 있고, 다른 경제적 사안들인 금융, 통화, 투자 등으로 확대할 수도 있으며, 그 외의 다른 많은 사안들을 포함하는 포괄적 경제협력을 추진할 수도 있다.

이러한 사안들과 연관된 정책내용과 방향들은 한 국가가 보유하고 있는 자원에 대한 고려를 바탕으로 결정되어야만 한다. 상대적으로 부유하고 큰 국가들은 이러한 사안들을 다루는 데 있어서 더 많은 자원을 보유하고 있을 것이다. 반면에 가난하고 작은 국가들은 다양한 형태의 지역주의를 추진하는 데 있어서 훨씬 더 심각한 제약요인들에 직면할 가능성이 큰 것이다. 따라서 지역주의의 성공과 실패, 그리고 지역주의의 결과는 지역주의가 초래할 기대비용과 기대이익에 근거해 결정될 것이다.

2005년 초에 한국은 지역주의 문제와 관련해 다소 큰 정책목표를 채택하게 된다. 한국 정부가 매우 짧은 시한 내에 되도록 많은 자유무역협정을 체결할 것이라고 발표한 것이다.[4] 2005년 초 한국 정부는 외교정책의 4대 정책목표를 설정했는데, 그 중 하나가 수년 내에 선진통상국가로 도약하는 것이었다. 이러한 정책목표를 달성하기 위한 하나의 전략으로서 한국 정부는 지역주의를 보다 적극적으로 추진하기로 결정한 것이다.

그러나 이러한 한국 정부의 발표는 다소 놀라운 것이었다. 사실 2004년 체결된 한-칠레 FTA 전에 한국은 다른 어떤 국가와도 FTA를 맺지 않은 WTO 회원국 두 국가 중 하나였던 것이다.[5] 비록 한국이 그 후 싱가포르 및 EFTA(European Free Trade Area)와 FTA를 체결·발효했고 2007년에는 한미 FTA가 타결되었지만, 2005년 당시만 하더라도 한국은 지역주의 경쟁에서 뒤떨어진 것이 사실이었기 때문이다. 2005년 이전에 상당한 노력들에도 불구하고 한국은 주요 통상교역국과 한 건의 FTA도 체결할 수 없었다. 한일 FTA는 답보상태를 보였고, 한중 FTA

4) 외교통상부, 2005년 3월 30일 발표내용.
5) 다른 한 국가는 몽골이었다.

도 거의 진척을 보이지 못했으며, 당시에는 한미 FTA에 관해서도 별 논의가 없었던 것이 사실이었다. 이러한 사실은 한국이 지역주의를 추진할 능력이 없거나 혹은 의지가 없거나 하는 것을 시사하는 것이었다. 따라서 한국이 당시에 직면했던 자유무역협정 장애물들을 제거 혹은 완화시킬 수 있느냐 하는 것은 상당한 논란의 대상이 되었던 것이 사실이다.

그러나 2006년부터 추진되어 2007년 종결된 한미 FTA 협상과정과 결과는 한국이 FTA를 적극적으로 추진하려는 의지를 대외적으로 표명한 계기가 되었고, 그간 FTA 추진을 방해했던 장애물들을 극복할 수 있는 능력이 있다는 점을 시사하는 계기가 되었다. 한미 FTA 협상 종결 이후 한국 FTA 추진 정책 혹은 지역주의 추진 정책은 탄력을 받게 되었다. 특히 한-EU FTA 협상이 개시되었고, 그동안 답보상태에 있던 한-아세안 FTA와 한-캐나다 FTA 협상 등이 탄력을 받게 되었다. 이러한 상황 속에서 한국이 주요 통상대상국 중 가장 먼저 협상을 했던 한일 FTA에 관한 관심이 증가하고 있고, 양국 간 FTA 체결 가능성과 보다 거시적으로는 한일 외교관계의 개선과 복원에 관한 관심이 증가되고 있다.

이러한 시대적 상황과 한국이 처한 국제 경제환경 속에서 이 연구의 주요 목적은 한국의 시각에서 한일 FTA를 추진하는 바람직성과 가능성을 진단하는 것이다. 1998년 이후 한국과 일본은 양국 간 FTA 체결 가능성에 관한 논의를 시작했다. 그러나 한국과 일본은 몇 가지 장애물들을 극복하지 못하고 협상 중단 상태를 맞게 된다. 그리고 한일 관계는 과거사와 영토문제에 관한 분쟁상황을 맞이하게 되고, 현재 한일 FTA는 논의의 수면 밑으로 가라앉게 되는 모습을 보이고 있다. 따라서 이 연구에서는 한일 FTA를 체결하는 데 있어서 어떤 장애물들이 존재하고 있고, 이 장애물들을 극복하기 위한 방안들은 존재하는가에 관한 논의를 시도할 것이다. 또한 한국의 입장에서 일본이 FTA를 체결하기 위한 좋은 상대국가인지도 진단해 볼 것이다.

이 논문은 다음과 같이 구성되어 있다. 다음 II절에서는 아시아에서의 지역주의 사안을 논의할 것이다. 제III절에서는 지역주의와 관련된 정치학 이론과 경제학 이론들을 소개하고, 특히 FTA라는 관점에서 이러한 이론들을 논의할 것이다. 제IV절에서는 이러한 이론들에 근거해 한국의 입장에서 다른 많은 국가들과 FTA를 체결하는 것이 얼마나 바람직한가, 그리고 타결가능성이 있는가 등에 관한 진단을 해보려고 한다. 제V절에서는 한일 FTA를 추진하는 데 있어서 촉진요인 혹은 방해요인으로 작동할 수 있는 한일 간 현안들에 관한 논의를 할 것이다. 마지막으로 결론부분에서는 한일 FTA 추진과 체결을 위해 현존하는 장애물들을 극복할 수 있는 대안들을 모색해 보고, 현재 벌어지고 있는 국내외적 경제 · 정치적 상황들이 한일 FTA에 어떤 영향을 끼칠 것인가에 관한 논의를 하려고 한다.

II. 동아시아에서의 경제적 지역주의

동아시아에서의 지역주의가 다른 지역에 비해 적어도 제도화라는 측면에서 볼 때 상당히 뒤처지고 있다는 것은 잘 알려진 사실이다. 세계 3대 경제권으로 명명되는 동아시아, 북아메리카와 유럽을 비교할 때 다른 지역에 비해서 지역경제협력체의 구성이나 제도화가 상당히 뒤처진 것이 현실이다. 많은 연구들이 이러한 지역경제협력 제도화의 미비 혹은 지체에 관한 여러 원인들을 규명해 왔다. 예를 들면 지역국가들의 이질성, 일본과 중국 간 패권경쟁, 상당히 높은 미국 의존도, 내부 동의화 메커니즘의 낮은 제도화, 강력하고 집중화된 지역제도의 부재, 몇몇 국가 간 역사인식과 관련된 깊은 불신, 그리고 동아시아에서 상당히 오랫동안 유지되었던 권위적 국제 위계질서의 존재 등이 동아시아에서의 경제적 통합을 방해하는 주요 요인들로 지적되어 왔다.[6]

이러한 장애요인들에도 불구하고 동아시아 국가들이 지역주의를 추구하는 몇몇 시도와 운동이 감지되어 온 것도 사실이다. 몇몇 상황적 요인들에 기인해 동아시아 국가들이 지역주의와 관련된 정책적 변화를 모색한 것이다.

첫째로, 타지역에서의 지역주의가 심화·확대되는 모습을 보이면서 동아시아 국가들의 위기감이 증가한 것이다. 제2차 세계대전 이후 오랫동안 다자주의 경제협력을 주도해 왔던 미국 역시 다자주의, 지역주의, 일방주의를 모두 포괄하는 다층적 무역정책을 채택하는 모습을 보이고 있다.[7] 이러한 정책의 일환으로 미국 무역대표부(USTR)는 미

6) Pascha, Werner, "Economic Integration in East Asia and Europe–A Comparison," presented at the Conference organized by Seoul ASEM Istitute for International Relations, Seoul, Korea, Dec. 2, 2003 ; Seokwoo Kim, "Theoretical Foundations for East Asian Regionalism : Desirability and Feasibility," presented at the 1st Joint International Conference, Le Havre, France, May 19, 2004 ; Young Jong Choi, "East Asian Regionalism and South Korea's FTA Strategy," *The Korean Journal of International Relations* 44–5 (2004), pp. 85–108.

7) 김석우(2004), pp. 34–35.

국 통상정책의 핵심 전략으로 "경쟁적 자유화(competitive liberalization)"를 추진해 왔다. 경쟁적 자유화는 더 많은 지역통상 협력을 추진하고, 궁극적으로 더 많은 국가들을 다자적 협력에 참여시킨다는 전략이다.[8)]

둘째로, 급속히 확산되고 있는 경제 지구화는 국가들로 하여금 세계경제의 치열한 경쟁 속에서 살아남기 위해 경제적 효율성을 강화하는 방안에 관해 더 많은 관심을 기울이게 만들었다. 지역적 경제통합으로부터 기대하는 이익 중 하나가 경제 효율성 상승에 의한 경제이익이라는 점을 고려할 때, 국가들이 경쟁적으로 지역경제통합을 추진하는 것은 당연한 전략이라고 판단할 수 있다.

셋째로, 1990년대 초반 이후 발생한 국제체제의 성격 변화로 인해 국가들이 더 많은 지역적 협력에 관심을 갖게 되었다. 즉 오랫동안 유지되었던 양극체제가 단극체제화되면서 오히려 지역통합을 통해 미국의 패권에 대항하려는 현상들이 나타나고 있다.[9)] 경제통합의 궁극적 목적이 정치문제와 군사문제에서의 협력을 강화하는 것이라면 국가들이 경제통합부터 실현하는 것은 당연한 전략이라고 할 수 있다.

넷째로, 이전에 지역경제통합을 실현한 국가들이 경제적으로 이득을 취하고 있다는 경험적 분석들이 있다.[10)] 이것이 사실이라면 다른

8) Jeffrey J. Schott, ed. Free Trade Agreements : US Strategies and Priorities (Institute for International Economics, 2004) ; C. Fred Bergsten, Competitive Liberalization and Global Free Trade : A Vision for the Early 21st Century, Working Paper No. 96−15 (Institute for International Economics, 1996).

9) 패권 경쟁과 이와 연관된 논의들을 위해서는 William Pfaff, "The Question of Hegemony," *Foreign Affairs* 80−1 Jan./Feb. 2001, pp. 221−232 ; Samuel P. Hungtington, *Foreign Affairs* 78−2, March/April 1999, pp. 35−49 참조.

10) 예를 들면 한−칠레 FTA 발효 이후 양국 간 무역은 일년 사이에 56% 가량

국가들이 경제적 통합을 서두르는 것은 당연한 일이고, 또한 기존에 지역적 경제통합에 참여했던 국가들도 그 외연을 확대하려고 하는 것 역시 당연한 일이다.

다섯째로, WTO를 중심으로 하는 다자 간 무역제도의 한계성이 부각되면서 더 많은 지역적 경제통합이 이루어지고 있는 것이다. WTO 내 다자 간 무역협상은 선진국과 저발전 국가군 간의 갈등, 그리고 선진 국가 내 갈등으로 인해 답보상태를 보이고 있고, 설사 이러한 다자 간 무역협상이 성공리에 실현되더라도 낮고 더딘 수준의 경제적 통합만을 기대할 수밖에 없다는 현실적 판단이 존재한다. 또한 국가들은 다자 간 무역협상의 틀 속에서 유리한 협상 고지를 점령하기 위해 지역통합을 이용하기도 한다.

이렇듯 지역적 경제통합이 과거보다 더욱 매력적인 대안이 되고 있는 것은 사실이지만 동아시아 지역을 포괄하는 형태의 경제적 통합은 잘 이루어지고 있지 않다. 이 지역 국가들은 하나의 대안으로 양자 간 경제통합을 서두르는 모습을 보여왔다. 이는 현실적으로 양자 간 경제통합이 다자 간 경제통합보다 달성하기 쉽고 또한 포괄적 형태를 보일 가능성이 크기 때문이다.

동아시아 국가들이 지역적 경제통합을 위한 많은 제안들을 해왔고, 또한 협상을 한 경우는 많지만, 실제로 협상이 종결되어 실행에 옮겨진 사례는 많지 않다. 이러한 사실은 지역적 경제통합 혹은 제일 낮은 수준의 경제통합인 FTA도 달성하기 어렵다는 점을 시사하고 있고,

증가했다고 보고되었다(외교통상부 2005년 3월 29일 보고 자료).

또한 국가들이 FTA와 관련된 협상을 종결하는 데는 상당한 시간이 소요될 가능성도 크다는 점을 시사하고 있다. 한국의 사례도 비슷한 유형을 보이고 있다. 한국이 제안하거나 공동연구를 하고 있는 FTA건은 상당히 많다. 그러나 위에서 지적했듯이 한국이 실제로 협상을 종결한 사례는 칠레, 싱가포르, EFTA와 미국뿐이다. 한미 FTA는 협상이 종결되었지만 아직 비준절차를 거치지 못했고, 한국과 미국 모두에서 비준되어 발효될지는 여전히 미지수로 남아 있다. 이러한 사실은 한국이 다른 국가들과 지역적 경제통합 혹은 FTA를 추진하는 데 있어서 여러 다양한 장애물들이 존재하고 있다는 점을 시사하고 있다. 따라서 다른 국가와 FTA를 추진하는 경우 국가들은 이러한 경제통합이 초래할 경제적 · 사회적 · 정치적 이익과 손해를 종합적으로 검토해야만 한다. 이러한 기대이익과 기대손실에 관한 고려는 또한 반드시 이론적 틀과 경험적 사례에 근거해 예측되어야만 한다. 따라서 어떤 국가와 FTA를 추진하는 것이 좋은가 하는 문제와 한일 FTA로부터의 기대이익과 기대손실을 고려하기 전에 지역통합 혹은 FTA와 관련해 어떤 이론들이 존재하는가에 관한 검토가 선행되어져야만 하는 것이다.

III. FTA에 관한 기존 이론

1. FTA에 관한 경제적 · 정치적 이론들

지역주의가 확대되고 국가 간 FTA의 수가 증가하면서 이에 대한 이론들도 범람하고 있다. 국제정치학이라는 큰 맥락에서 보더라도 주요 이론들인 신현실주의, 신자유제도주의, 그리고 구성주의 입장에서 지역주의와 FTA를 다른 방식으로 설명하는 논의들이 많이 등장하고 있다(Fawcett 1995).[11] 또한 양자 간 FTA 체결과정과 협상과정, 주요 사안, 그리고 결과 등을 설명하는 논문들도 등장하고 있다.[12] 이러한 이론들 이외에도 구체적으로 FTA에 관한 대략 네 가지 이론들이 있다. 이 네 이론들 중 두 이론은 경제적 이론들이고 나머지 두 이론은 정치적 이론들이다.

첫 번째 경제 이론은 바이너(Jacob Viner 1950)에 의해서 제시되었다(Viner 1950). 이 이론에 의하면 FTA는 무역창출(trade creation) 효과와 무역전환(trade diversion) 효과를 모두 나타내게 된다. 무역창출과 무역전환의 규모는 FTA 회원국 간의 비교우위의 구조에 의해 결정된다. 예를 들면 FTA 체결 당사국 간의 산업생산 구조가 상호 보완적인 경우 회원국들은 FTA를 통해 무역창출 효과에 기인한 경제적 이익을 기대할 수 있다. 반면에 회원국들 간의 산업생산 구조가 상호 경쟁적인 경우에는 무역창출 효과가 상대적으로 적어서 이로 인한 경제적 이익을 별로 기대할 수 없다. FTA 잠재 회원국 간의 산업생산 보완성 혹은 경쟁성의 정도는 대개 생산요소 분포(factor endowments)에 달려 있다. 즉 산업생산 구조의 자본집약도, 노동집약도, 토지집약도 등이 문제가 되는 것이다. 서로 다른 생산요소를 많이 확보한 국가들 간의 FTA 체

11) 현실주의 이론에서 본 지역주의에 관한 국내 문헌으로는 최영종(2001) 참조.

12) 예를 들면 한국-일본 FTA에 관한 논의를 위해서는 최태욱(2001) 참조.

결이 비슷한 요소를 확보한 국가들 간의 FTA 체결보다 무역창출 효과가 크다는 것이다. 이 이론에 의하면 국가들은 상보 보완적 생산구조를 가진 국가를 FTA 체결 대상국으로 삼는 것이 합리적 선택일 것이다.

바이너에 의한 무역창출 효과와 무역전환 효과에 대한 분석은 정태적 분석이라는 비판을 받을 수 있다. 즉 어떤 특정 시점에만 한정된 분석이라는 것이다. 우리가 시계를 확대한 동태적 분석을 수행한다면 더 복잡한 내용들이 포함되어져야 할 것이다. 즉 시간에 따라서 변화할 수 있는 수요탄력성, 산업구조 재편 과정, 노동 이동성, 규모의 경제실현 가능성, 경쟁촉진에 의한 효율성 향상 등의 변수들이 분석에 포함되어져야 할 것이다. 그러나 이러한 모델은 매우 복잡한 형태를 가질 것이고, 오히려 비현실적인 분석이 될 위험성도 포함하고 있다.

두 번째 경제 이론은 소위 '중력 모델(gravity model)'로 불려진다.[13] 이 모델은 FTA 잠재 회원국들의 경제규모, 회원국 간의 거리, 인구규모, 그리고 일인당 국민소득 수준 등이 FTA 체결시의 경제적 효과에 영향을 끼친다는 점을 제시하고 있다. 이 모델에 의하면 크고, 발전되고, 지리적으로 가까운 국가가 매력적인 FTA 체결 대상국이라는 것이다. 왜냐하면 이러한 특징을 보이고 있는 국가와 FTA를 체결하면 큰 시장을 기대할 수 있고, 높은 소비수준을 기대할 수 있으며, 이에 의한 규모의 경제 실현을 기대할 수 있고, 또한 저렴한 수송비 등의 부대비용 효과를 기대할 수 있기 때문이다. 이러한 점에 더해 지리적 인접성

13) FTA에 관한 중력 모델의 주요 논의에 관해서는 프란켈(Frankel 1997) 참조. 또한 중력 모델을 한국과 아시아 통상에 적용한 사례를 위해서는 손찬현 외(2001)와 길버트(Gilbert 2001) 참조.

은 종종 비슷한 언어와 비슷한 문화를 공유할 가능성을 높여주기 때문에 이러한 국가들과의 FTA 체결은 다양한 경제적·사회적 혜택을 가져다 줄 수 있다는 것이다.

FTA에 관한 첫 번째 정치적 이론은 국내정치에 초점을 맞추는 이론이다. 이 이론에 의하면 조직된 이익집단들의 선호, 이해관계와 요구가 FTA 정책을 포함한 일반적인 공공정책의 내용과 방향을 결정하는 매우 중요한 요인이라는 것이다.[14] 이러한 경우에 있어서 국가는 요구수용자(demand register)라는 수동적 역할만을 담당한다.[15] 국가의 정책은 이익집단들이 제공하는 투표 수와 정치 기부금과 교환되어진다. 따라서 국가의 정책은 특수 이익집단들 간의 정치경제적 힘의 균형, 그리고 일반 유권자들의 복지에 대한 고려라는 두 가지 요인들을 반영하게 된다.

이러한 상황에 관해 퍼트남(Robert Putnam 1988)은 양면 게임이라는 논의를 적용시킬 것이다. 즉 국가는 FTA 협상시에 두 가지 다른 전략적 상호작용의 측면을 동시에 고려한다는 것이다. 한 측면은 FTA의 가능성과 내용에 관해 국가들 간에 협상을 하는 국제적 측면일 것이다(Grossman 외 1995, 667-668). 또 다른 측면은 정부와 이익집단, 그리고 유권자들 간의 비준을 둔 국내협상일 것이다. 이러한 상황 하에서는 정부

14) 국내정치적 역학관계가 통상정책의 내용과 방향에 영향을 끼친다는 논의를 위해서는 크루거(Krueger 1974)와 매기 외(Magee et al. 1989) 참조.

15) 국가는 대외통상 관계에서 합리적 독재자, 요구수용자, 국제협상자의 역할을 동시에 담당한다고 가정되어진다. 이러한 역할들의 비교 설명에 관해서는 김석우(1998) 참조.

의 독립성, 선거과정, 민주주의 수준, 정치제도의 특징, 그리고 이익집단 간의 연합 형성과 재편성 등이 FTA 체결의 가능성을 결정하는 데 중요한 변수가 될 것이다.

FTA에 관한 두 번째 정치적 이론은 국제정치에 관한 이론이다. 이 이론에 의하면 국가들은 FTA 체결 대상국을 선정하는 데 있어서 경제적 이익 이외의 다른 정치적 영향들을 고려한다는 것이다. 즉 국가는 잠재 대상국과의 힘의 균형 상태와 이에 대한 FTA의 영향력, 경제 주권에 대한 고려, 무역의 안보에 관한 외부 효과, 무역이 인권과 민주주의에 끼칠 영향, 그리고 일반적 외교관계 등을 고려한다는 것이다(Mansfield 외 1999). 국가는 힘과 부를 동시에 추구하기 때문에 FTA 체결을 고려할 때 비경제적 요인들도 반드시 포함시켜야 한다는 것이다. 예를 들면 이 이론은 FTA 체결 대상국으로서 동맹국과 민주주의 국가를 추천한다. 동맹국과 FTA를 체결하는 경우에는 무역의 안보에 관한 외부경제(external economy) 효과를 증대시킬 수 있고, 또한 민주주의 국가와의 FTA 협상은 국제 경제관계에서 수반되는 일반적인 위험을 축소시킬 수 있다는 것이다.[16]

전체적으로 볼 때 이러한 네 가지 서로 다른 경제적 · 정치적 이론들은 모두 FTA 체결의 바람직성(desirability)과 가능성(viability)에 관한

16) 국가 간 무역관계가 국가들의 안보에 끼치는 영향은 무역의 안보에 대한 외부경제 혹은 외부비경제 효과로 알려져 있다. 무역과 안보 간의 관계, 그리고 국가전략에 관한 논의를 위해서는 고와(Gowa 1994)와 맨스필드(Mansfield 1997) 참조. 민주주의와 통상정책의 상관관계에 관한 논의를 위해서는 레머(Remmer 1998) 참조.

이론들이다. 즉 이 이론들은 모두 어떤 국가와 FTA를 체결하는 것이 경제적·정치적 이익을 가져올 것인가에 관해 제안하고 있고, 또한 어떤 경우에 FTA 체결 가능성이 높고 낮다는 점을 시사하고 있다. 예를 들면 경제적 이익을 확보하기 위해 국가들은 상호 보완적 산업구조를 가진, 크고 잘사는 인접한 국가를 FTA 체결 대상국으로 삼아야 할 것이다. 그러나 국내적·정치적 지지를 확보하고 사회적 안정을 유지하기 위해 오히려 상호 경쟁적 산업구조를 가진 작은 국가와의 FTA를 모색하는 것이 바람직할 것이다. 또 한편으로는 국제정치적 목적을 추구하기 위해 국가들은 민주체제를 가진 동맹국을 FTA 체결 대상국으로 모색해야 한다.

문제는 이러한 경제적 목적들과 정치적 목적들이 항상 상호 보완적이 아니라는 것이다. 많은 경우에 있어서 경제적 목적성과 정치적 목적성은 대립할 수 있다는 점이 국가들의 선택을 어렵게 하는 것이고, 이것이 FTA를 지연시키거나 방해하는 요인으로 작용하는 것이다. 또한 다른 많은 경우에 있어서는 국내정치적 목적과 국제정치적 목적이 대립할 수도 있다는 것이다. 이러한 경우에 국가들은 어떤 목적성을 우선시할 것인가를 결정해야 할 것이고, 이는 결코 쉬운 작업이 아닐 것이다. 요약하면 FTA 대상국의 선정과 협상과정에서 경제적 효용성과 정치적 가능성이 종종 대립관계에 있다는 것이다. 이러한 경우에 국가의 선택은 어떤 것이 합리적이라고 할 수 있을 것인가는 규정하기 어려운 문제이다.

한국의 경우에도 경제적 목적성과 정치적 목적성, 그리고 국내정치적 목적성과 국제정치적 목적성 중 어떤 것을 우선시해야 하는가에 관한 문제에 직면해 있다. 경제적 이익을 극대화하고 정치적 가능성을 높이는 방향으로 FTA 정책을 수립해야 하는 것이다. 그렇다면 위에서 논의한 이론들이 제시하고 있는 FTA 대상국 선택기준(selection criteria)을 고려할 때 어떤 국가와 FTA를 추진하는 것이 경제적·정치적으로 합리적인 것인가를 논의하는 경험적 분석 작업이 필요하다.

2. 한국의 FTA 잠재 대상국들에 대한 비교분석

한국이 어떤 국가와 FTA를 추진하는 것이 경제적·정치적으로 바람직한 것인가에 대한 해답을 얻기 위해서는 잠재 대상국들을 비교분석하는 작업이 필요할 것이다. 이러한 논의 속에서 한국과 일본 간의 경제협력 관계의 가능성과 한계성을 진단할 수 있을 것이다. 한국은 일본 이외에도 다른 많은 국가들과 FTA를 체결했거나 혹은 추진하고 있다. 따라서 일본과 이들 국가들을 위에서 논의한 이론적 틀이 제시하고 있는 변수들에 근거해 비교함으로써 일본이 한국의 FTA 대상국으로서 어떤 가능성 혹은 매력, 그리고 한계가 있을 것인가를 분석할 수 있다.

한국과 이미 FTA를 체결한 칠레, 그리고 이 글의 주제대상인 일본 이외에 한국이 공식적 차원 혹은 민간 차원에서 FTA의 잠재 대상국으로 삼고 있는 국가들은 미국, 호주, 중국, 태국, 뉴질랜드, 멕시코, 캐나다, 싱가포르, 이스라엘 등이다. 이 국가군은 일본과 중국 같이 한국 정부가 공식적 차원에서 FTA를 추진하고 있는 국가들도 포함하고 있지만, 뉴질랜드와 이스라엘 같이 민간 차원의 연구대상만으로 남아 있는 국가들도 포함하고 있다.

경험적 분석에 포함된 변수들에 관해 설명하면 다음과 같다. 우선 무역창출 효과의 크기를 간접적으로 추정하기 위해 각 국가의 총수출과 총수입에서 제조업과 농산물이 차지하는 비중을 변수로 채택했다. 이는 산업생산 구조와 이를 바탕으로 한 수출입의 상호 보완성 혹은 상호 경쟁성을 측정하기 위한 것이다. 한국과 상이한 수치를 보이는 국가일수록 상호 보완성이 크다는 것을 나타내는 것이고, 따라서 FTA에 의한 무역창출 효과가 커진다는 것을 의미하는 것이다.

중력 모델이 제시한 변수들도 분석에 포함되었다. 이들은 양국 간의 거리, 인구, 일인당 국민소득, 그리고 국내총생산 등을 포함한다. 양국 간의 거리가 가까울수록, 인구가 많을수록, 일인당 국민소득이 높을수록, 그리고 국내총생산이 클수록 FTA 잠재 대상국으로서 매력적이다. 더 많은 경제적 이득을 기대할 수 있고 경제적 비용을 낮출 수 있기 때문이다.

FTA에 연관된 국내정치적 사안을 직접적으로 측정하는 변수와 지표를 확보하기는 쉽지 않다. 이를 위해서는 이익집단들 간의 연합과 재연합 유형, 이들의 이해구조와 이를 확보하기 위한 정치적 수단, 그리고 이익집단 내의 집단행동의 문제 등에 대한 변수들을 확보해야 할 것이다. 그러나 이러한 작업은 현실적으로 거의 불가능한 작업이다. 누가 FTA를 찬성하고 누가 FTA를 반대하는지를 명확히 구분하기도 어렵고, 이들 간의 연합유형과 집단행동 문제를 분석하는 것은 거의 불가능하기 때문이다. 따라서 이 글에서는 한국의 FTA 체결에 가장 큰 걸림돌로 작용하고 있는 농업의 문제에 초점을 맞추어서 잠재 대상국들의 수출 중에 농업이 차지하는 비율을 한국 내 FTA 반대 강도를 나타내는 지표로 채택했다.

국제정치적 사안에 관해서는 한 가지 변수만 포함되었다. 민주주의 수준 변수가 포함되어졌는데, 이는 그 국가의 정치적 안정성을 간접적으로 나타내고 있고, 또한 이 국가와의 경제거래에서의 위험성의 정도를 간접적으로 표출하고 있는 변수이다. 다른 가능한 변수로서 동맹국 여부를 들 수 있는데, 한국이 공식적으로 동맹국 관계를 맺고 있는 국가는 미국뿐이다. 따라서 이 변수에 의한 분석은 어렵다고 판단되었다. 다만 분석에 포함된 모든 국가들이 정도의 차이는 있지만 정치적으로 좋은 관계를 유지하고 있기 때문에 FTA가 안보에 끼치는 영향을 분석하기는 어렵다고 판단된다.

위에서 논의한 네 가지 이론들에는 포함되어 있지 않지만 이 글의 자료 분석에는 각 국가들의 평균 관세율과 기존 FTA 체결 수가 포함되었다. 평균 관세율이 높으면 FTA 체결로 인한 더 많은 경제적 이익을 기대할 수 있다. 또한 기존 FTA 체결 수가 많다는 것은 그 국가의 FTA에 관한 적극성을 나타내는 것이고, 또한 FTA에 대한 국내 반대가 적어서 협상과정이 원만히 진행될 가능성이 높다는 것을 의미하는 것이다. 이 글에서는 이렇게 추출된 변수들에 대한 자료를 확보하고, 이를 근거로 해 분석대상 국가군 중 어느 국가가 다른 국과들과 비교해 어떤 측면에서 FTA 대상국으로서 매력적인 것인가를 분석할 것이다. 특히 일본에 초점을 맞추어 일본이 다른 국가에 비해 어떤 측면에서 FTA 체결 대상국으로서 바람직한지, 혹은 어떤 장애물들이 존재하는지에 대해 평가할 것이다. 각 국가에 대한 자료는 다음의 표에 나타나 있다.

다음의 자료에 근거해 일본과 다른 국가들을 한국의 잠재적 FTA 대상국이라는 측면에서 분석하면 다음과 같다. 우선 거리라는 측면에

표 1. 한국과 FTA 잠재 대상국에 관한 정치 · 경제 지표들

		한국	중국	일본	싱가포르	태국	미국	호주	뉴질랜드	멕시코	캐나다	이스라엘	칠레
거리			542	716	2,900	2,311	6,544	5,160	6,205	7,494	6,546	5,024	11,495
인구 (백만 명)		47	1,261	127	4	61	282	19	4	98	31	6	15
GDP (mil $)		457,219	4,677,099	457,219	92,252	121,927	9,882,842	394,023	49,983	574,512	689,549	110,332	70,710
GNI/PC ($)		8,910	840	34,210	24,740	2,010	34,260	20,530	13,080	5,080	21,050	16,310	4,600
한국으로부터의 수출(mil $)			35,110	20,466	5,648	2,015	37,806	2,606	286	2,391	2,427	647	593
한국의 수입(mil $)			21,909	30,703	4,916	1,269	27,338	4,742	558	189	1,475	396	789
2차 생산품 수출	% of Exports	91	88	94	86	74	83	29	33	85	67	93	17
	% of Imports	64	80	58	83	78	80	86	83	86	86	83	81
1차 생산품 수출	% of Exports	3	7	1	4	20	10	30	59	6	14	5	38
	% of Imports	10	8	19	4	8	7	6	9	6	6	7	8
평균관세율 (%)		8.7	16.8	4.8	0	21.6	4.3	5.7	2.8	10.1	4.4	–	10
기존 FTA 수		1	0	1	4	1	4	2	2	10	4	9	10
민주주의 척도		4	13	3	10	5	2	2	2	8	2	4	4

1) 거리는 한국과 FTA 잠재 대상국의 수도 간 거리를 마일로 표시한 것이다.
(자료 : www.indo.com/distance).

2) 인구, GDP, GNI/PC에 관한 자료는 2005년 기준이다.
(자료 : World Development Report 2002, World Bank).

3) 민주주의 수준은 2-14까지의 숫자로 표시되어 있다. 2가 가장 높은 수준의 민주주의 체제를 나타내고 있고, 반면에 14가 가장 낮은 수준의 민주주의 체제를 나타내고 있다.
(자료 : FREEDOM HOUSE).

서 보면 일본은 11개 잠재 대상국 중 매우 좋은 위치에 놓여 있다. 거리라는 측면에서만 보면 일본이 매우 유리한 잠재 대상국이라는 점을 시사하고 있다. 인구라는 측면에서 보면 일본의 인구 역시 분석 대상국 중 매우 좋은 위치에 놓여 있다. 또한 국민총생산의 경우도 거의 비슷한 수준이다. 따라서 인구와 국민총생산이라는 측면에서 볼 때 일본은 매우 매력적인 FTA 잠재 대상국이라고 할 수 있다. 또한 일인당 국민소득이라는 측면에서 보면 일본은 분석대상 국가 중 두 번째로 부유한 국가이다. 소비수준이 높다는 점을 시사하고 있고, 따라서 FTA에 의한 경제적 이익을 기대할 수 있다는 점을 시사하고 있다.

산업생산 구조와 이를 바탕으로 한 수출입 구조를 볼 때, 일본은 한국과 매우 상호경쟁적인 관계에 있다. 제조업 수출 비중과 1차 생산품 수출 비중이라는 측면에서 볼 때 일본은 한국과 매우 비슷한 형태를 나타내고 있다. 따라서 일본과의 FTA 체결은 양국에서 구조조정이 상당히 일어날 가능성이 크다는 점을 시사하고 있다. 반면에 농업 측면에서 보면 일반적으로 한국 내 가장 강력한 FTA 반대집단인 농업종사자들의 반대는 크지 않을 것으로 기대할 수 있다.

일본의 평균 관세율은 4.8%로서 비교대상 국가들 중에는 비교적 낮은 수준이다. 따라서 한일 FTA를 통한 관세율 감소 폭은 크지 않을 것으로 예상되고, 따라서 경제적 이익이 크게 발생하지 않을 것으로 예상할 수 있다. 반면에 더 큰 폭의 관세율 감소를 한국이 실행해야만 한다면 경제적 불이익을 볼 수 있는 가능성이 있다.

일본은 단 한 개의 FTA를 체결하고 있어서 분석대상에 포함된 다른 국가들과 비교할 때 많은 수의 기존 FTA를 가지고 있는 것은 아니다. 다만 여러 국가들과 FTA를 모색하고 있고, 또한 APEC(Asia Pacific Economic Cooperation)의 활성화를 통한 다자 간 FTA를 추진하고 있다.

따라서 FTA 추진에 있어서의 신뢰성과 일본 국내적 반대는 극복하지 못할 정도로 크지는 않을 것으로 예상한다. 또한 기존 FTA가 많지 않기 때문에 행정적 비용과 원산지 규정 혼란은 발생하지 않을 것으로 기대한다.

일본은 민주주의 수준에서 높은 수준을 나타내고 있다. 이는 국제경제와 관련된 위험성이 적다는 점을 시사하고 있고, 또한 정치적 안정성이 뛰어나서 무역과 투자와 관련된 장기적 예측이 가능하다는 점을 시사하고 있다. 이러한 측면을 고려할 때 양국 간의 무역관계가 한국의 안보에 끼치는 영향은 긍정적이라고 판단하는 것이 옳을 것이다.

Ⅳ. 한일 FTA의 정치경제학

위의 자료에 근거해 요약하면 한국의 입장에서 일본은 FTA를 체결할 좋은 대상국인지를 명확하게 결론짓기는 어렵다. 두 국가 간의 지리적 인접성과 일본의 큰 국내시장 규모는 한국의 관점에서 볼 때 FTA 체결을 위한 매력적 조건이라고 할 수 있다. 그러나 일본의 현 평균 관세율 수준이 상당히 낮고, 또한 양국 간 무역관계에서 한국의 무역수지 적자가 매우 큰 규모로 유지되어 왔다는 점을 고려할 때, 일본과의 FTA 체결이 한국 경제에 부정적 영향을 끼칠 가능성도 배제할 수 없다. 이러한 복잡한 현상으로 인해 몇몇 경제연구 기관들은 한일 FTA가 체결된다면 한국 경제는 대일무역수지 적자의 증가와 경제성장에의 부정적 영향으로 인해 오히려 손해를 입을 수 있다고 보고하는 사례들도 있다.

그러나 이러한 예측은 정적 분석을 기초로 행해지는 것들인데, 이는 기존 관세의 철폐에 의한 단기적 효과, 그리고 FTA에 의한 무역 창출과 무역전환 효과만을 고려한 분석들이라고 할 것이다. 만약 경제 효과에 대한 분석들이 동적 분석으로 확대되어 투자효과와 규모의 경제와 산업조정에 의한 효율성 상승에 의한 경제적 효과를 모두 고려하게 된다면, 한국과 일본 모두 두 국가 간의 FTA 체결로 인해 상당한 경제적 이익을 실현하게 될 것으로 예측된다.

표 2. 한일 FTA가 한국 경제에 끼치는 영향에 대한 분석

	단기적 효과		장기적 효과	
	KIEP	IDE	KIEP	IDE
후생효과(%)	−0.19	0.34	11.43	7.09
GDP(%)	−0.07	0.06	2.88	8.67
대일무역수지(10억 불)	−6.09	−6.09	−0.44	−2.46
전체 무역수지(10억 불)	−1.54	−1.54	3.01	40.80

출처 : 대외경제정책연구원, 개발경제연구원

한국의 입장에서 볼 때 일본 농업시장의 개방과 일본으로부터의 해외투자 유치는 한일 FTA로부터의 경제적 이익을 극대화하는 데 있어서 매우 중요한 사안들이다. 그러나 현재로서 일본은 농업시장 개방에 반대하고 있고, 이는 위에서 지적했듯이 한일 FTA의 협상과 체결을 매우 어렵게 하는 요인으로 작동하고 있다. 이러한 일본 측 정책과 태도는 앞으로도 한일 FTA를 추진하는 데 있어서 주요 장애요인으로 남아 있을 것이다.

한국과 일본의 양자 간 경제관계 이외에도 우리는 한일 FTA의 체결 가능성을 진단하기 위해 두 국가 간 군사적·사회적·정치적 관계를 고려할 필요가 있다. 군사적 측면에서 보면, 비록 두 국가가 공식적 군사동맹 관계를 유지하고 있지는 않지만, 한국과 일본이 군사적으로 적대관계를 형성하고 있지도 않다. 제2차 세계대전 이후에 한국과 일본 간 군사적 갈등과 충돌은 없었다고 해도 과언이 아니다. 군사력 증진과 이로 인한 장기적 측면에서의 우려가 제기되기는 하지만 임박한 위험이 상존하고 있다고 볼 수는 없다.

또한 두 국가 사이에는 군사적 측면에서의 협력을 가능하게 하는 몇 가지 요인들이 존재하고 있다. 첫째로, 한국과 일본은 모두 미국의 군사적 동맹국가이고, 따라서 미국을 매개로 군사적 협력이 가능한 상황이다. 둘째로, 두 국가는 중국의 군사적 부상에 대해 적절히 대처해야 한다는 인식이 존재하고 있다. 동아시아에서의 세력균형 유지를 위해 두 국가가 어느 정도 협력해야 한다는 인식이 공유되고 있는 것이다. 셋째로, 두 국가 간에는 지난 60여 년 간 군사적 충돌이 없었다. 적어도 군사적으로는 어느 정도의 신뢰가 형성되어 왔다는 것을 의미하는 것이다. 넷째로, 두 국가는 북한의 핵과 미사일 개발에 공조하는 모습을 보여왔다. 북한의 군사적 도발에 대해 공동으로 대체해야 한다는 인식도 공유하고 있다. 다섯째로, 만약에 한반도에 군사적 충돌이 발생하는 경우 일본은 한국을 도울 것으로 기대된다. 비록 일본이 직접적으로 군사적 개입을 할지 여부는 명확히 판단할 수 없지만, 어떻든 한국과 북한 간의 심각한 군사적 충돌이 발생하는 경우, 일본은 한국을 지원할 것으로 기대된다. 마지막으로 한국과 일본 간에는 두 국가 간 분쟁이 발생하는 경우 평화적으로 해결해야 한다는 최소한의 인식적 합의가 존재하는 것으로 판단된다. 이러한 여러 요인들을 고려할 때, 우리는 한국과 일본 간에 한일 FTA를 방해할 수 있는 군사적 요인은 존재하지 않는다고 결론지을 수 있을 것이다.

두 국가 간의 사회적 관계도 대체로 협력적으로 잘 유지되어 왔던 것으로 판단된다. 양국 간 소득 불균형이 감소하면서 우리는 지난 10여 년 동안 많은 한국인들이 일본을 방문하는 모습을 보았다. 한국으로부터의 불법이민과 일본 내 불법취업의 문제는 두 국가에게 덜 중요한 사안이 되었다. 따라서 일본이 한국 시민들에게 발급하는 비자도 덜 까다로워진 것이 사실이고, 단기간 방문과 관광에 대해서는 비자면제 프로그램이 시행되고 있다. 양국 간 문화적 교류 역시 상당히 증가했다. 더 많은 TV 드라마와 영화, 그리고 음악이 한국과 일본에서 교환되고 교류되고 있다. 또한 양국의 지방정부 차원에서의 협력과 교류도 증가했고, 양국 시민사회간 협력과 교류도 증가하는 모습을 보이고 있다.[17] 인력, 상품, 문화의 교류와 협력의 증대로 인해 양국 시민들은 서로에게 더 친근감을 느끼게 되고 민족주의적 정책과 이념이 감소하는 모습을 보이게 되었다. 이러한 문화적·사회적 요인들은 한일 FTA 형성에 긍정적 요인으로 작동할 가능성이 큰 것이다.

한국과 일본 간에 몇몇 심각한 정치적 사안들이 존재하는 것이 사실이고, 이러한 것들이 한일 FTA 실현에 장애물로 작동할 가능성이 크다. 한국과 일본 간 정치적 사안 중 가장 중요한 세 가지 사안은 독도

17) 이진원은 한일 FTA를 추진하는 데 있어서 지방정부와 시민사회의 영향이 중요할 것이라고 주장하고 있다[이진원, "한일 FTA 형성의 정치적, 사회적 조건에 관한 연구," 『동서문제』, 14집 2호(2002), pp. 103-137].

를 둘러싼 양국 간 영토분쟁, 일본 교과서 역사왜곡 문제, 그리고 일본 고위관료들의 야스쿠니 신사 참배 문제로 인한 감정적 대립을 들 수 있다. 독도문제와 관련해 실질적으로 독도를 점유하고 있는 한국 정부의 무시정책(ignorance policy)의 효과성으로 인해, 독도를 둘러싼 영토분쟁이 잠복기를 맞고 있는 것으로 판단된다. 그러나 2006년 4월 일본이 독도 근해 해저탐사를 계획하면서 발생한 양국 간 대립 같은 상황은 언제든지 재현될 수 있는 여지가 있다. 비록 그 사건에서 양국 간 물리적 충돌은 발생하지 않았지만 그 가능성은 존재하는 것이다. 따라서 한국과 일본 간 독도를 둘러싼 영토문제, 그리고 그와 연관된 배타적 경제수역 문제는 해결되기 힘든 사안으로 존재할 것으로 판단된다.

일본 교과서의 역사왜곡 문제를 둘러싼 정치적 갈등은 상당히 감소한 것으로 판단된다. 한국과 일본은 이러한 갈등을 완화하기 위해 역사를 공동 조사하고, 역사 교과서를 공동 집필하려는 노력을 강구하고 있다. 일본 관리들의 야스쿠니 신사 참배 문제는 고이즈미 일본 수상 시절 양국 간 첨예한 정치적 대립을 불러일으켰다. 그러나 아베 전 일본 수상과 후쿠다 전 수상은 물론 현 아소 다로 수상이 신사 참배를 하고 있지 않기 때문에 이 문제 역시 완화되는 모습을 보이고 있는 것이 사실이다. 고이즈미 전 일본 수상의 재임 시절 한국과 일본, 일본과 중국 간 정상회담이 취소되고, 개최되더라도 분위기가 상당히 좋지 않았던 모습을 보였던 것이 사실이지만, 현재로서는 그 갈등이 완화된 것만은 사실이다. 야스쿠니 신사의 분사문제가 제기되고 일본 내 여론도 신사 참배 자제 쪽으로 기울면서 이러한 문제가 앞으로 완화될 것으로 기대한다. 다만 여전히 정치적 갈등을 야기할 수 있는 사안으로 존재하고 있는 것만은 사실이다.

지금까지의 한국과 일본 양국 간 관계에 관한 논의를 요약해 보면 한일 FTA를 추진하고 체결하는 데 있어서 경제적 문제와 정치적 사안들이 장애물로 작동할 가능성이 큰 것으로 판단된다. 경제적으로 일본의 농업시장 개방과 일본으로부터의 투자확대 문제가 매우 중요한 사안이다. 정치적으로는 독도 관련 영토분쟁과 일본 고위관료들에 의한 신사 참배 문제가 여전히 중요한 사안으로 자리 잡고 있다.

VI. 맺음말

2005년 한국 정부는 여러 FTA를 동시에 추진하는 데 있어서 채택해야 할 다섯 가지 전략을 제시했다. 첫째는 한국이 경제적 이익을 극대화하기 위해 시장규모가 큰 국가들과 FTA를 추진해야 한다는 것이다. 예를 들면 당시에는 미국과의 FTA가 추천되었다. 둘째는, 한국이 미래의 무역관계를 확대시키는 기반을 마련하기 위해 각 지역의 대표적 국가들과 전략적으로 FTA를 추진해야 한다는 것이었다. 셋째로, 한국은 동시에 많은 FTA를 추진해야 한다는 것이었다. 이로 인해 한국은 다른 국가들과의 협상 위치에서 좋은 자리를 선점할 수 있다는 것이었다. 넷째로, FTA를 추진하는 데 있어서 장기적 산업정책들이 고려되어야 한다는 것이었다. 다섯째로, 이와 연관해 한국 정부는 FTA를 추진하는 데 있어서 장기적 구조조정을 위한 마스터플랜을 수립해야 한다는 것이었다.

이러한 전략들이 당시로서 타당한 것으로 판단이 되더라도 우리는 이러한 전략의 달성 가능성에 대한 진단을 해볼 필요가 있다. 왜냐하면 지역경제통합을 확대하기 위한 이러한 전략들을 채택하는 데 있어서 상당한 장애요인들이 존재하기 때문이다. 첫째로, FTA를 추진하는 데 있어서 한국 내 내부동의 추출과정이 상당히 부족한 것이 사실이다. 반대집단은 이익집단과 이념집단이 혼재되어 있고, 또한 미국과의 FTA 추진과정에서 볼 수 있었듯이 특정 국가를 혐오하는 집단들이 정책결정 과정을 더욱 어렵게 하고 있는 것이 사실이다. 둘째로, 한국의 많은 중소기업과 산업들이 국제시장에서 여전히 경쟁력을 확보하고 있지 못하기 때문에 FTA를 통한 경제적 통합의 확대는 이러한 산업들에게 경제적으로 불이익을 줄 가능성이 크다. 이러한 산업들의 구조조정은 상당한 시간과 자원이 필요하다는 점을 고려할 때, 많은 국가들과 동시다발적으로 FTA를 추진하는 것이 반드시 옳은 정책방향이라고 판단하기는 어렵다. 셋째로, 한국의 농업부문은 다른 국가들과의 FTA를 추진하는 데 있어서 여전히 가장 강력한 반대집단으로서의 역할을 하고 있다. 막대한 재정적 지원 없이는 농민들의 반대는 무마하기 어려울 것이고, 특히 농산물을 수출하는 국가들과의 FTA는 상당한 어려움에 봉착할 가능성이 크다. 넷째로, 많은 국가와 FTA를 체결하는 것은 상당한 행정적 비용을 초래할 가능성이 크고, 또한 원산지 규정 문제를 복잡하게 할 가능성도 크다. 이러한 문제들에 대한 고려와 해결 없이 많은 FTA를 추진하는 것은 혼란과 비용을 초래할 가능성이 큰 것이다. 마지막으로, 비준의 문제가 남아 있다. 한국이 체결했던 칠레와의 FTA 경우, 당시에 많은 국회의원들이 한-칠레 FTA에 반대했다는 사실을 고려할 때, 더 많은 국가들과 많은 FTA를 체결하는 것은 더 많은 국회 내 반대에 봉착하게 될지도 모른다.

이러한 의미에서 정치적 실현 가능성은 경제적 바람직성과 매우 다른 것이라고 할 수 있다. 지역적 경제통합을 추진하는 데 있어서 정부는 반드시 정치적 실현 가능성과 경제적 효용을 동시에 고려해야만 한다. 따라서 한국 정부가 최근에 FTA 정책과 관련해 다소 획기적인 계획을 내놓고 있고 이를 추진하고 있지만 이러한 계획의 실현이 담보되어 있는 것은 아니다. 극복해야 할 장애 요인들이 너무도 많이 존재하고 있기 때문이다. 따라서 우리는 이러한 정책계획들이 실현 가능한가를 진단하기 위해 더 많은 연구가 필요한 것이다.

이러한 사실들에도 불구하고 한국과 일본은 다른 지역에서의 지역통합 운동에 균형을 맞추기 위해서라도 동아시아 지역에서의 경제적 통합 노력이 더 필요하다는 점에는 공감하고 있다. 따라서 우리는 한일 FTA를 추진하는 데 있어서 어떤 장애물들을 어떻게 극복해야 할 것인가에 대한 고려를 해야 할 것이다.

현재 시점에서 볼 때 한국과 일본 간의 외교관계는 지난 몇 년간의 갈등과 대립국면을 벗어나서 건설적 미래관계를 형성할 수 있는 좋은 기회를 맞고 있다. 과거 참여정부 기간 동안 한일관계는 여러 측면에서 악화되었다. 양국의 외교정책 방향과 내용이 서로 다른 길을 택하는 모습을 보였고, 이에 따라 양국 간 교류와 협력도 축소되었다. 한일관계의 악화를 초래한 몇 가지 요인들이 존재한다. 첫째로, 국제적 요인을 지적할 수 있다. 한국이 참여정부의 큰 외교정책 목표로 동북아 균형자를 내세우면서 전통적으로 유지되어 왔던 한-미-일 간 외교, 국방정책의 공조 현상이 약화된 것이다. 반면에 일본은 미국과의 동맹을 더욱 강화시키는 외교정책을 채택함으로써 한국의 외교정책 방향과는 거리를 두는 정책을 채택했다. 국제적 요인으로 또 지적할 수 있는 것은 대북한정책의 차이이다. 한국의 참여정부는 이전 정부인 DJ 정부의 대북 햇볕정책을 계승해 대북한유화정책의 기조를 유지하였다. 북한의 핵개발과 미사일 시험, 그리고 핵실험에도 불구하고 대북한 포용정책의 기조를 변화시키지는 않았다. 그러나 일본은 일본인 납치문제와 북한의 핵개발과 실험에 대응해 대북한강경정책을 채택했다. 결국 한일 간 대북한정책의 차이는 한국과 일본을 멀어지게 하는 한 요인으로 작용했다. 한일관계를 악화시킨 두 번째 요인으로는 한일 간 정치·역사 문제를 지적할 수 있다. 한국과 일본 간에는 아직 해결되지 않은, 그리고 해결되기 힘든 세 가지 민감한 사안이 존재한다. 그 사안들은 일본 총리를 비롯한 주요 인사들의 야스쿠니 신사 참배 문제, 역사 교과서 왜곡 문제, 그리고 독도 영유권 문제를 포함한다. 이러한 문제들은 특히 고이즈미 전 일본 총리 재임 시절에 매우 심각한 외교 현안으로 등장했고, 여전히 해결되지 않은 문제들로 남아 있다. 한일관계를 악화시킨 세 번째 요인은 양국 지도자 간 불신의 문제이다. 특히 과거 노무현 대통령과 고이즈미 전 일본 총리 간에는 개인적으로 상당한 불신과 대립이 있었던 것으로 알려지고 있다. 양국 지도자 간 개인적 감정은 물론 위에서 지적한 국제적 요인과 양국 간 현안과도 밀접한 관련이 있다. 다만 이에 더해 양국 지도자들의 이데올로기와 성향 역시 양국관계를 악화시키는 데 한몫을 한 것만은 사실이다.

참여정부 시절 한일관계의 악화로 인해 한일 간 몇 가지 부정적 현상이 나타났다. 우선 양국 정상들 간 회의가 줄어들었고, 양국 주요 정부 인사 간 교류도 축소되었다. 양국 간 무역과 투자의 비중도 줄어들었고, 인적 교류도 축소되는 모습을 보이고 있다. 국제 외교무대에서의 양국 간 협력이 축소되었고, 일본에서의 한류열풍도 식어가고 있다.

물론 이러한 모든 현상들이 양국 간 외교관계에 의해서만 발행하는 것은 아니지만 적어도 간접적으로 영향을 받은 것만은 사실이다.

지난 정부의 한일관계 악화에도 불구하고 양국 간 외교관계의 개선이 중요하다는 인식은 공유되고 있다. 현재 한일 간에는 해결되어야 할 많은 현안이 존재하고 있다. 양국 간 경제관계의 상대적 비중의 축소를 만회하기 위해 한일 FTA가 필요한 때이다. 중국의 경제적 · 군사적 부상에 대한 대책 마련과 이를 통한 동북아의 평화와 번영을 위한 대안 마련도 시급한 실정이다. 최근 북한의 변화에 대한 이후 대책도 빨리 마련되어야 한다. 또한 국제적 사안으로 중요성이 증대하고 있는 환경, 에너지, 그리고 테러리즘 같은 사안에서의 양국 간 협력이 매우 필요한 시점이다.

한일관계의 개선을 위한 몇몇 징후는 있다. 일본에서는 현 아소 내각은 물론 향후 어떤 정부가 집권하더라도 한일관계의 중요성을 강조할 것이다. 그리고 한국은 이명박 정부 출범 이후 새로운 시각으로 대일본 외교를 전개하고 있다. 이명박 정부 출범 이후 후쿠다 정권 시절 개선될 기미가 보였던 한일관계가 일본 교과서의 독도 영유권 사안을 포함시키는 문제로 인해 상당히 냉각되었고, 현재는 별로 개선되는 기미가 보이지 않는다. 일본 정권의 불안정으로 앞으로의 한일 외교관계는 예측하기 어려운 국면을 보이고 있다. 하지만 국제적 금융위기, 경제상황의 악화, 수출입의 축소 등 다양한 국제경제 문제가 발생하고 있고, 김정일 정권의 불안정과 중국의 부상 등 여러 형태의 국제정치 문제도 발생하고 있다. 따라서 한국과 일본 정부 모두 이러한 새로운 현상들에 공동으로 대응해야 한다는 인식들이 싹트고 있는 것도 사실이다.

이러한 시기적 상황 속에서 한일관계를 악화시킨 요인들에도 변화가 예상된다. 우선 한국 정부의 동북아 균형자론은 더 이상 외교정책의 핵심 과제가 아니다. 그리고 아소 내각 이후 일본의 대북한정책도 변화를 보이고 있다. 따라서 한미일 간 공조가 더욱 강화될 가능성이 커지고 있다. 한일 간 첨예하게 대립해 온 사안들에도 변화가 예상된다. 독도 영유권 문제는 지속적으로 문제가 될 것으로 보인다. 한국의 실질적 지배권 강화 조치가 한일 간 첨예한 대립이라는 결과를 초래할 가능성도 없지 않다. 그러나 한국과 일본 모두 무력충돌 혹은 전면적 외교전 등은 피해야 한다는 최소한의 공통 인식은 존재한다고 판단된다. 또한 교과서 문제 역시 일본 내 낮은 채택률로 인해 현재로서는 악화될 사안은 아니라고 판단된다. 향후의 일본 수상이 야스쿠니 신사 참배 문제와 관련해 어떤 입장을 보일지는 아직 알 수 없지만 한국과 중국을 자극하는 행동은 되도록 자제할 것으로 예상된다. 마지막으로 과거 한국과 일본 지도자 간의 개인적 불신과 대립은 발생하지 않을 것으로 판단된다.

이명박 정부의 안정화와 일본에서의 새로운 정부의 출범이 한일관계의 개선을 위한 긍정적 분위기를 제공할 것으로 판단된다. 하지만 한일 간 얽혀 있는 많은 복잡한 사안들로 인해 관계 개선이 급속도로 진행될 것으로 예상하기는 어렵다. 다만 시대적 상황이 한국과 일본의 관계개선을 요구하고 있고, 그러한 분위기를 제공하고 있는 것만은 분명한 사실이다. 그리고 양국의 지도자들이 한일관계의 개선이 필요하고, 가능한 일이라는 점을 공유하고 있는 것도 분명한 사실이다. 새롭게 출범하는 양국 정부의 지도자들이 이러한 시대적 기회를 활용해 한일관계를 개선시키고 동북아 안정에 기여할 것으로 기대할 수 있다.

이명박 대통령이 일본으로부터의 과거사 문제에 관한 반성과 사과를 요구하지 않겠다는 선언을 하면서 한일관계가 상당히 개선되는 모습을 보였지만 독도문제로 인해 다시 악화되는 모습을 보였다. 따라서 한일관계의 개선이 이루어져야 하고, 또한 이루어진다면 한일관계 복원은 우선 경제문제로부터 시작될 것으로 판단된다. 따라서 현재 중단되어 있는 한일 FTA 협상이 재개될 것으로 예상된다. 한일 FTA는 장기적으로 두 국가 모두에게 경제적 이익을 줄 것으로 예상되고, 분명히 한국과 일본 모두의 국제사회에서의 위상을 높이고 동북아 평화와 안정에도 기여할 것으로 판단된다. 한일 FTA 추진이 한국과 일본의 국가이익에 도움을 줄 것이라는 것을 두 국가의 지도자들은 반드시 기억해야 할 것이다.

참 | 고 | 문 | 헌

Choi, Young Jong. "East Asian Regionalism and South Korea's FTA Strategy." *The Korean Journal of International Relations*. 44–5. 2004.

Deyo, Frederic C. ed. *The Political Economy of the New Asian Industrialism*. Ithaca : Cornell University Press. 1987.

Ethier, Wilfred. "Regionalism in a Multilateral World." *Journal of Political Economy* 106. 1998.

Gilbert, John et al.. "Assessing Regional Trading Arrangements in the Asia–Pacific." *UNCTAD Policy Issues in International Trade and Commodities*. Study Series No. 15. U.N. 2001.

Gowa, Joanne. *Allies, Adversaries, and International Trade*. Princeton : Princeton University Press. 1994.

Grossman, Gene M. and Elhanan Helpman. "The Politics of Free–Trade Agreements." *American Economic Review* 85. 1995.

Kim, Seokwoo and Shin Wookhi. "Possibilities and Limitations of Multilateral Cooperation in East Asia." *The Vision of the World Order in the 21st Century* (in Korean). Institute of International Studies. Seoul National University. 1996.

_____. *The Political Economy of International Trade* (in Korean). Hanul 1998.

_____. "The Theoretical Foundations for ASEAN+3 : Prospects and Limitations." *Journal of Asia–Pacific Affairs* 5–2. 2004.

Krueger, Anne. "Political Economy of the Rent–Seeking Society." *American Economic Review* 64–3. 1974.

Magee, Stephen P., William A. Brock and Leslie Young. *Black Hole Tariffs and Endogenous Policy Theory : Political Economy in General Equilibrium*. New York : Cambridge University Press. 1989.

Mansfield, Edward D. "Alliances, Preferential Trading Arrangements, and International Trade." *American Political Science Review* 91-1. 1997.

Mansfield, Edward D. and Helen V. Milner. "The New Wave of Regionalism." *International Organization* 53-3. 1999.

Pascha, Werner. "Economic Integration in East Asia and Europe-A Comparison." mimeo.

Putnam, Robert. "Diplomacy and Domestic Politics : The Logic of Two Level Games." *International Organization* 43-3. 1988.

Remmer, Karen L. "Does Democracy Promote Interstate Cooperation? Lessons from the Mercosur Region." *International Studies Quarterly* 42. 1998.

Schiff, Maurice and L. Alan Winters. *Regional Integration and Development*. The World Bank. 2004.

Sohn, Chan-Hyun and Jinna Yoon. "Korea's FTA Policy : Current Status and Future Prospects." *KIEP Discussion Paper* 01-01. KIEP. 2001.

_____. "Does the Gravity Model Fit Korea's Trade Patterns?." *KIEP Working Paper* 01-01. KIEP. 2001.

Viner, Jacob. *The Customs Union Issue*. New York : Carnegie Endowment for International Peace. 1950.

제4장

동아시아 반부패 및 인권 레짐의 형성에 대한 고찰

이상환(한국외국어대학교)

I. 머리말 : 동아시아 반부패 및 인권문제에 대하여

20세기 후반 국제정치경제적 이슈는 통상(trade)과 금융(finance)이라는 핵심 의제와 환경(environment), 노동(labor), 부패(corruption), 인권(human rights)이라는 부수적 의제로 나뉘어 국제사회의 주목을 끌었다. 냉전기에는 주로 핵심 의제에만 머물던 국제적 관심이 탈냉전기에 이르러 부수적 의제로도 넘어간 것이다. 1980년대 중반 이후 국제정치경제적 이슈는 우루과이라운드(UR/DDA : 통상), 그린라운드(GR : 환경), 블루라운드(BR : 노동), 금융라운드(FR : 금융), 반부패라운드(ACR : 부패), 그리고 인권라운드(HRR : 인권) 등의 순으로 부각되었다.

이들 중 부패와 인권은 비교적 최근 대두된 이슈라고 말할 수 있다. 국제 반부패 이슈의 경우 1997년 OECD 뇌물거래방지협정이 체결된 이후, 그리고 국제 인권 이슈의 경우 1990년대 말 코소보 및 동티모르 사태를 경험하면서 국제사회의 관심을 끌게 된 것이다. 문제는 이러한 이슈들이 쉽게 해결되기 어려운 특성을 갖고 있다는 것이다. 두 가지 이슈 모두 권력(political power)과 맞서 싸우는 성격을 갖는 본질적 한계를 가지고 있다. 즉 "권력을 가진 자만이 부패할 수 있고 인권을 침해할 수 있다"는 명제 하에 개별 국가적인 해결이 어렵다는 것이다. 따라서 국제 사회의 개입이 요구되며 주권 제한을 수반할 수밖에 없는 것이다. 여기서 우리의 의제는 "동아시아 반부패 및 인권의 기준 설정과 레짐 형성이 가능한가?" 하는 점이다.

이러한 동아시아적 기준(East Asian standard)을 설정하기 위해서는 국가 간 합의가 필요하며, 이는 동아시아적 부패 및 인권에 대한 개념 정의에 대한 국제사회의 동의를 전제로 한다. 여기서 우리가 답해야 할 의문은 "동아시아적 부패 혹은 인권 기준의 설정이 가능한가?"라는 물음과 "이를 강제할 권위 있는 기제(instrument)는 무엇인가?"라는 물음이다.

첫 번째 물음에 답하기 위해 고려해야 할 사항은 동아시아적 보편적 부패 혹은 인권 기준의 설정 가능성 여부이다. 문화상대주의에 따른 개별 국가적 특수성을 뛰어넘는 동아시아적 부패 혹은 인권 기준의 형성 여부가 관건이 되는 것이다. 서구적 시각에 의해 동아시아적 특수상황이 왜곡되지 않도록 우선 동아시아적 부패 혹은 인권 기준의 설정 가능성 여부에 대한 검토가 요구되는 것이다. 국제적 부패문제의 경우 국제투명성기구(Transparency International : TI)의 부패인지지수(Corruption Perception Index : CPI)를 중심으로 국제적 부패상황을 비교분석하고 동아시아적 기준 마련 가능성을 다루고자 한다. 한편, 국제적 인권문제의 경우 프리덤하우스(Freedom House : FH)의 자유도(Freedom Ratings : FR)를 중심으로 국제적 인권상황을 비교분석하고 동아시아적 기준 마련 가능성을 점쳐보고자 한다. 결국 동아시아적 부패 및 인권 기준 마련을 위해 서구적 보편성 주장과 비서구적(아시아적) 상대성 주장을 조화롭게 타협시킨 통문명적 접근(inter-civilization approach)으로 문제를 해결하고자 하는 것이다.

두 번째 물음에 답하기 위해 고려해야 할 사항은 동아시아적 부패 및 인권 레짐(regime)의 형성 가능성 여부이다. 이러한 레짐 형성 가능성을 파악함에 있어 국제적 부패 및 인권문제와 관련한 행위자(정부/비정부)와 행위규범(공식/비공식)이 분석대상이 된다. 국제적 부패문제와 관련해 행위자는 각 국가, UN과 OECD 등 정부 간 국제기구와 TI 등 비정부 국제기구가 되며, 행위규범은 국제기구를 중심으로 창출된 반부패 관련 제도가 이에 해당된다. 한편, 국제적 인권문제와 관련해 행위자는 각 국가, UN 등 정부 간 국제기구, 그리고 국제사면위원회(Amnesty International : AI)와 인권감시기구(Human Rights Watch : HRW) 등 비정부 국제기구가 되며, 행위규범은 국제기구를 중심으로 창출된 인권보호 관련 제도가 이에 해당된다. 물론 현 상황에서 동아시아 반부패 및 인권 관련 레짐의 형성은 국제사회에서 아직 미약한 수준에 지나지 않지만 최근에 이르러 그 논의가 활발해지고 있다.

결국 이러한 두 가지 물음에 답하는 것이 이 연구의 목적인 것이다. 다음은 왜 두 가지 이슈인 국제 반부패 문제와 인권문제를 동시에 다루어야 하는가와 관련된다. 각각 다른 이슈인 부패와 인권을 동시에 다루는 이유는 통상, 금융, 환경, 노동 등 국제정치경제의 다른 이슈와는 달리 부패와 인권은 문화적 차이로 인한 갈등이 크고 이로 인해 레짐을 형성하기 힘들다는 공통점 때문이다. 문화상대주의 주장 속에서 보편적인 혹은 동아시아적인 기준 및 레짐을 어떻게 창출하느냐가 두 가지 이슈 앞에 놓여 있는 주요한 과제인 것이다.

"동아시아적 반부패 및 인권 레짐의 형성에 대한 고찰"이라는 주제 하에서 본 연구는 공간적으로 동아시아 지역을, 시간적으로 1990년대 중반 이후 오늘에 이르기까지를 연구대상으로 삼고 있으며, 신자유주의(neo-liberalist theory)의 연구 시각에서 TI의 CPI와 FH의 FR을 토대로 연구의제에 접근하고자 한다. 최종적으로 이 연구는 진정한 부패척결 차원의 동아시아적 부패 논의와 진정한 인권보호 차원의 동아시아적 인권 논의가 동아시아에서 가능하도록 그 해결방향을 제안하는 것으로 마무리하고자 한다.

II. 동아시아 반부패 논의와 레짐 형성 가능성

국제사회의 부패문제를 다루고 있는 국제투명성기구는 부패를 "부패란 사적인 이득을 얻기 위해 권력을 오용하는 경우 발생하는 것(Corruption is the abuse of entrusted power for private gain)"이라고 정의하고 있다. 다양한 부패의 정의를 종합하면 공무원이나 고위 공직자들, 그리고 비정부영역에 종사하는 사람들이 자신의 권력을 악용해 부당한 이익을 얻는 경우를 말한다. 이를 세분해 보면 공직자의 경우 자신의 업무 범위 내에서의 행위가 사적 이익을 얻기 위한 목적에서 행해지는 경우와 자신의 업무범위와는 무관하게 자신의 직권을 이용해 사적인 이익을 얻으려고 하는 경우를 부패라 할 수 있다. 그리고 공직자가 자신의 업무를 소홀히 했거나 태만해 타인이나 해당 집단에 불이익을 안겨준 경우에도 넓게는 부패라 할 수 있다. 비정부영역에서 또한 부패는 사적 단체나 기업이 부당한 행위를 통해 자신의 이익을 챙기는 경우라고 정의할 수 있다.

1993년에 설립된 국제반부패 NGO의 대표격인 국제투명성기구는 두 가지 목표를 추구하고 있는데, 하나는 부정부패의 피해가 얼마나 심각한가에 대해 인식을 새로이 하는 것이며, 다른 하나는 국내 및 국제적으로 투명한 사회를 건설하는 것이다. 이에 TI는 부정부패 퇴치를 위해 국제적으로 효율적인 제도를 만들고 또한 연대를 강화해 나가고 있다. TI는 국제사무국을 중심으로 전 세계적인 차원에서 업무를 추진하고 있는데, 국제사무국은 각 지부의 사업을 지원해 주고 지부 간 연계를 도와준다. 또한 유럽연합(EU), 국제연합(UN), 경제협력개발기구(OECD), 세계은행(World Bank) 등과 긴밀한 협력관계를 맺고 있다. TI는 OECD 뇌물거래방지협정의 발효와 함께 국제적인 반부패 연대를 강화하고 효과적인 부패 퇴치를 위한 국제연대에 주력하고 있다.

TI는 반부패 운동의 일환으로 부패에 대한 국가별 순위를 나타내는 국가별 CPI를 1995년부터 매년 독일 괴팅겐대학과 공동으로 조사해 발표해 왔다. 180개국을 대상으로 조사한 TI의 2008년 부패지수는 13개의 설문조사(11개 기관)[1]가 사용되었으며, 최소한 3개의 설문조사

1) ADB(아시아개발은행)의 Country Performance Assessment Ratings, AFDB(아프리카개발은행)의 Country Policy and Institutional Assessments, BTI(베텔스만기금)의 Bertelsmann Transformation Index, CPIA(세계은행, IDA와 IBRD)의 Country Policy and Institutional Assessment, EIU(Economist

가 행해진 국가에 대해서 CPI가 측정되었다. 180개국을 대상으로 조사한 TI의 2007년 부패지수는 14개의 설문조사(12개 기관)가, 163개국을 대상으로 조사한 TI의 2006년 부패지수는 12개의 설문조사(9개 기관)가 각각 사용되었다. 이처럼 TI의 CPI는 TI가 직접 설문조사를 수행해 작성한 것이 아니라, 공신력을 지닌 다른 기관에 의해 수행된 기존의 조사결과를 활용[2]하고 있으며, 의미하는 바는 '부패의 정도'라 할 수 있다.

CPI는 주로 기업인과 정치분석가의 부패에 대한 주관적인 평가를 취합해 10점 만점으로 환산하고 국가별 순위를 매긴 것이다. 부패의 정도가 심할수록, 즉 청렴도가 낮을수록 낮은 점수를 받는 반면 부패의 정도가 약할수록 높은 점수, 즉 10점에 근접하게 된다. 부패지수는 부패에 대한 주관적인 체감지수이며, 대상 국가의 일반적인 부패 수준을 나타내는 것이라 할 수 있다. 그러므로 부패지수는 객관적으로 존

Intelligence Unit)의 Country Risk Service and Country Forecast, FH(Freedom House)의 Nations in Transit, GI(Global Insight, formerly World Markets Research Centre)의 Country Risk Ratings, IMD(IMD International, Switzerland, World Competitiveness Center)의 IMD World Competitiveness Yearbook, MIG(Merchant International Group)의 Grey Area Dynamics, PERC(Political & Economic Risk Consultancy)의 Asian Intelligence Newsletter, WEF(World Economic Forum)의 Global Competitiveness Report.

2) TI는 2000년부터 CPI 작성시에 표준화의 과정을 거치기 시작했다. 각 자료들은 서로 다른 평균값과 표준편차를 가지고 있지만 표준화의 과정이 서로 다른 평균값과 표준편차를 동일하게 만드는 것을 의미하는 것은 아니다. 왜냐하면 CPI의 작성에 사용되는 자료들은 서로 다른 국가들을 대상으로 하고 있는 경우가 대부분이기 때문이다. 대신 표준화 과정의 목적은 CPI의 작성 시 각 자료에 포함된 국가의 평균값과 표준편차가 변화하지 않게 하는 것이다. 이는 각각의 기관이 다른 국가와의 상대적인 비교를 통해 국가별 부패 순위를 정하는 것을 목적으로 하는 것과 관련이 있다.

재하는 부패의 규모 및 강도와는 거리가 있을 수 있음을 고려해서 그 의미를 해석해야 한다(TI, 2008).

상기한 바와 같이 TI의 CPI는 '부패의 정도'를 평가하고자 하는 목적을 갖는다. 그러나 부패의 정도는 서로 다른 해석을 제시할 수 있다. 부패의 정도는 부패한 행위의 빈도, 뇌물 지불의 양, 부패를 통해 달성된 계약자의 전체적인 이득과 모두 연관되어 있으며, 이들 또한 서로 밀접한 상관관계를 가지고 있기 때문이다. 따라서 부패의 정도에 영향을 미치는 요인 중 어느 한 요인만을 과도하게 측정하는 자료는 한 국가 내에서의 부패 수준에 대한 왜곡을 가져올 수 있다. 이 때문에 부패의 사회경제적 영향을 분석하기 위한 경험적 연구들은 TI에서 작성한 CPI 외에도 다른 기관의 다양한 부패지수를 활용하고 있다.

동아시아에서 보편적인 부패의 기준을 설정하기 위해서는 가장 적합한 부패의 개념을 설정하고 개념 정의에 따른 부패 기준이 마련되어야 한다. 개별 국가적인 특수성을 인정한다 할지라도 이것이 동아시아적인 부패 기준의 설정을 불가능하게 하는 것은 아닌 것이다. 세계화 · 정보화 시대에 있어서 최소한 동아시아적인 부패 척결 혹은 뇌물거래 방지를 위한 보편적인 기준 설정은 가능하다고 할 수 있다. 문화상대주의 주장이 이를 부인할 수 없는 것이다.

TI의 부패인지지수(2006년도 자료)에 의하면 서구유럽/북미/오세아니아 지역 7.75, 아시아 지역 4.19, 라틴아메리카 지역 3.50, 동구유럽/중앙아시아 지역 3.41, 아프리카 지역 2.98 순으로 투명성을 보여주었다. 선진국들이 분포된 서구유럽과 북미 지역이 투명성에 앞서 있고, 상대적으로 아프리카 지역의 부패가 가장 심각함을 알 수 있다. 서구유럽/북미/오세아니아 지역의 경우를 제외하면 모두 평균치가 5.0 이하로 투명성과 거리가 멀다는 것을 알 수 있다(이상환, 2007a/2006).

〈표 1〉에 의하면 2008년 아시아 지역 평균은 3.90으로 2007년 3.87과 비교해 차이가 거의 없다. 동북아 5.53, 중동 4.02, 동남아 3.27, 남아시아 2.94로 동북아를 제외하면 모두 평균치가 5.0 이하로 투명성과는 거리감이 있다. 조사대상 37개국 중 5.0을 넘는 국가들은 싱가포르 9.2(4위), 홍콩 8.1(12위), 일본 7.3(18위), 카타르 6.5(28위), 이스라엘 6.0(33위), 아랍에미리트 5.9(35위), 대만 5.7(39위), 한국 5.6(40위), 오만 5.5(41위), 마카오 5.4(43위), 부탄 5.2(45위), 요르단·말레이시아 5.1(47위) 등 13개국이다. 이라크와 미얀마가 1.3으로 180개국 중 동률 178위이며, 나머지 국가들 역시 10보다는 0에 가까운 수치를 드러내고 있다. 세부지역별로 살펴보면 동북아의 경우 중국은 3.6으로 낙후된 상황을 보여주고, 동남아의 경우 싱가포르와 말레이시아를 제외하면 3점대 이하로 최악의 부패 상황을 드러내고 있다. 남아시아의 경우도 부탄을 제외하고 3점대 이하로 극심한 부패상황을 나타내고 있다. 또한 중동의 경우 사우디아라비아, 레바논, 이란, 예멘, 시리아, 이라크는 3점대 이하로 나머지 7개국과 비교해 볼 때 최악의 양상을 보여주고 있다.

2007년과 2008년 자료를 비교해 보면 선진국 및 전 세계 평균치가 약간 감소했음을 알 수 있다. 이는 전 세계적인 부패상황이 다소 악화된 것이 아닌가 하는 우려를 하게 한다. 아시아 지역의 경우 상반되는 결과를 보여주고 있는데, 동북아와 동남아의 CPI는 약간 감소되어 다소 악화된 투명성을 나타내고 있고, 남아시아와 중동의 CPI는 약간 증가되어 다소 개선된 투명성을 나타내고 있다. 아시아 전체적으로 보면 세계평균치인 4.02에 못 미치는 3.90으로 투명성에 있어 낙후된 모습을 보이고 있다. 특히 남아시아(2.94)와 동남아시아(3.27)의 부패상황은 심각하다고 할 수 있다.

〈표 1〉이 보여주는 바와 같이 동아시아 국가들 중 상당수가 최악의 부패상황을 나타내고 있다. 이러한 평가가 서구적 시각에 의한 왜곡일는지도 모르나 동아시아 국가들이 서구 국가들과 비교해 상대적으로 부패 정도가 심각하다는 것을 부인할 수 없다. 통계적 결과에 의하면 동북아 선진국가들의 부패 수준도 그 경제적 영향력에 비해 심각한 상황이라고 할 수 있다. 일본(7.3)은 세계 제2위의 경제대국임에도 불구하고 선진국 평균(OECD 평균 7.11) 수준이며, 한국(5.6)은 이에 크게 떨어지는 상황이다. 특히 중국(3.6)은 세계 평균치인 4.02에도 밑도는 최악의 부패상황을 보여주고 있다. 이들 국가들은 국제사회에서 그 정치경제적 영향력에 비해 부패상황이 지도국으로서의 면모를 갖추고 있지 못함을 파악할 수 있다.

여기서 본 연구의 첫 번째 물음인 동아시아적 부패 기준의 설정 가능성 여부를 논의하고자 한다. 이를 위해 우선 동아시아 국가들의 부패에 대한 인식과 상황을 제시하고자 한다. 아시아 국가들의 부패의 원인은 크게 세 가지로 축약된다. 첫째로 그 사회의 전통적인 관습, 문화에 근거한 해석이다. 예를 들어 우리의 경우 지연과 혈연, 학연으로 이루어진 연고주의는 서로를 배려해야 하는 공동체적인 의무감을 느끼게 한다. 그 과정에서 건네지는 소소한 선물은 부패로 단죄하기에는 지나친 우리의 미덕으로 느껴질 수 있다. 둘째로 미성숙한 자본주의에 근거한 해석이다. 개발도상국가에 도입된 자본주의 경제체제는 정치권력과 기업 간의 유착을 불가피하게 했다. 양자는 서로를 필요로 했고, 이 과정에서 각종의 불법적인 거래가 진행되었다는 것이다. 셋째는 권위주의적 정치체제에 근거한 해석이다. 권위주의 정치체제의 비민주적 정치행태가 정치부패 나아가 사회 전반적인 부패의 원인이 되었다는 것이다(최정학, 2003 : 329-331).

표 1. 아시아 국가들의 부패인지지수(CPI)와 자유도(FR)

세계지역	아시아 지역	국가명	국제투명성 기구(TI)의 부패지수(CPI) (2008 기준/2007 기준)				프리덤하우스(FH)의 정치적 권리(PR)와 시민적 자유(CL) 지수 평균 (2008 기준)	
			순위 (180개국 중)		부패지수		평균지수	자유 등급
아시아 (37 개국)	동북 아시아 (7개국)	홍콩	12	14	8.1	8.3	3.5	PF
		일본	18	17	7.3	7.5	1.5	F
		마카오	43	34	5.4	5.7	–	–
		대만	39	34	5.7	5.7	1.5	F
		한국	40	43	5.6	5.1	1.5	F
		중국	72	72	3.6	3.5	6.5	NF
		몽골	102	99	3.0	3.0	2.0	F
		종합	평균 = 5.53(2008)/5.54(2007)				평균 = 2.75	
	동남 아시아 (10 개국)	싱가포르	9	4	9.2	9.3	4.5	PF
		말레이시아	47	43	5.1	5.1	4.0	PF
		태국	80	84	3.5	3.3	5.0	PF
		동티모르	145	123	2.2	2.6	3.5	PF
		베트남	121	123	2.7	2.6	6.0	NF
		필리핀	141	131	2.3	2.5	3.5	PF
		인도네시아	126	143	2.6	2.3	2.5	F
		캄보디아	166	162	1.8	2.0	5.5	NF
		라오스	151	168	2.0	1.9	6.5	NF
		미얀마	178	179	1.3	1.4	7.0	NF
		종합	평균 = 3.27(2008)/3.30(2007)				평균 = 4.8	
	남 아시아 (7개국)	부탄	45	46	5.2	5.0	5.5	NF
		인도	85	72	3.4	3.5	2.5	F
		스리랑카	92	94	3.2	3.2	4.0	PF
		네팔	121	131	2.7	2.5	4.5	PF

아시아 (37 개국)	남 아시아 (7개국)	파키스탄	134	138	2.5	2.4	5.5	NF
		방글라데시	147	162	2.1	2.0	4.5	PF
		아프가니스탄	176	172	1.5	1.8	5.0	PF
		종합	평균 = 2.94 (2008)/2.91 (2007)				평균 = 4.5	
	중동 (13 개국)	이스라엘	33	30	6.0	6.1	1.5	F
		카타르	28	32	6.5	6.0	5.5	NF
		아랍에미리트	35	34	5.9	5.7	-	-
		요르단	47	53	5.1	4.7	4.5	PF
		오만	41	53	5.5	4.7	5.5	NF
		쿠웨이트	65	60	4.3	4.3	4.0	PF
		터키	60	64	4.5	4.1	3.0	PF
		사우디아라비아	80	79	3.5	3.4	6.5	NF
		레바논	102	99	3.0	3.0	4.5	PF
		이란	141	131	2.3	2.5	6.0	NF
		예멘	141	131	2.3	2.5	5.0	PF
		시리아	147	138	2.1	2.4	6.5	NF
		이라크	178	178	1.3	1.5	6.0	NF
		종합	평균 = 4.02 (2008)/3.92 (2007)				평균 = 4.88	
	종합		평균 = 3.90 (2008)/3.87 (2007)				평균 = 4.41 Free = 7개국 / Partly Free = 15개국 / Not Free = 13개국 (2개국 결측)	
	OECD CPI 평균 = 7.11 (2008) / 7.18 (2007) 세계 CPI 평균 = 4.02 (2008) / 4.40 (2007)							

출처 : 스위스 쮜리히 연방공대의 기업 연구소(KOF ; Konjunkturforschungsstelle der Eidgenössischen Technischen Hochschule Zürich/Swiss-Federal Institute of Techonology Zurich)의 세계화지수(Index of Globalization) 보고서(http://www.kof.ethz.ch, 2007).
프리덤하우스(Freedom House) 보고서(http://www.freedomhouse.org, 2008).
국제투명성기구(Transparency International) 보고서(http://www.transparency.org, 2007).

위에 언급한 아시아 국가들의 부패 원인은 전근대적인 관행과 문화, 자본주의의 미성숙, 정치적 비민주성으로 축약된다. 역으로 정치적 민주화와 자본주의의 발전, 근대적인 사회로의 이행이 부패를 척결하는 거시적 방안이 되는 것이다. 결국 정치·경제적 저발전과 전근대적 사회문화가 아시아 부패의 원인이며, 이를 개선하는 것이 그 해결책이 되는 것이다.

부패지수에서 입증된 하나의 사실은 부패를 유교문화적 특성에서 찾는 것은 한계가 있다는 것이다. 동아시아의 유교문화권이라 부를 수 있는 홍콩이나 싱가포르의 경우 부패가 거의 없는 수준이었고, 한국과 대만은 중위권, 중국과 베트남은 하위권이었다. 부패상황은 유교문화라는 공통분모를 가진 국가군에서 다르게 나타나고 있다. 오히려 문화보다는 정권의 개방 정도(사회주의나 군사독재 상관없이)와 민주화의 정도가 부패에 직접적 영향을 가지고 있음을 알 수 있다. 또한 중국의 부패가 사회주의 체제에서 시장경제체제로의 전환에서만 발생하는 것이 아니라, 기존 사회주의 시스템에서도 재분배의 작동원리에서 이미 권력의 집중으로 부패는 상존하고 있었음을 알 수 있다(박기철, 2002 : 528).

결국 유교문화보다는 정치적 비민주성 혹은 경제적 낙후가 부패의 원인이 되며, 개별 국가적인 특수성보다는 보편적인 맥락에서 사회저발전이 부패의 원인임을 파악할 수 있다. 간략히 말해 '부패'라는 개념 정의와 국제적 기준 설정에 있어서 문화상대주의에 근거한 개별 국가적인 입장을 고려한 특수성 주장은 설득력이 없으며, 그 사회의 낙후성을 감추기 위한 구실에 불과함을 알 수 있다. 문화가 '다르다'는 주장과 '우열이 있다'는 주장 중 우열로 평가될 수 있는 문화의 경우 열등의 문화가 우등의 문화를 따르는 것이 당연하며, 우열로 평가될 수 없는 문화의 경우 그 차이를 존중하는 것이 당연한 것이다. 따라서 부패와 관련한 동아시아만의 합의된 개념 정의는 가능하며, 동아시아적 기준 설정과 이에 따른 레짐 형성이 필요함을 알 수 있다.

III. 동아시아 인권 논의와 레짐 형성 가능성

1993년 방콕 선언은 "인권이 그 본질에 있어서 보편적이지만 국제적 규범의 설정이 역동적이고 진화 중이라는 맥락에서 국가별 · 지역별 특성과 역사적 · 문화적 · 종교적 배경이 가지는 다양한 의미를 염두에 두고 인권을 고려해야만 한다고 인식한다"고 했다. 방콕 선언문이 진정으로 말하고자 했던 것은 아시아적 특수성으로 인해 서구의 것과는 근본적으로 다른 아시아적 인권 개념을 창조하겠으며, 또한 그렇게 하는 것이 정당하고 인권문제에 매달리는 서구의 외교정책은 아시아를 지배하려는 패권적 음모에 불과하다는 것이다.

방콕 선언 이후 '아시아적 인권'은 좀 더 세련된 모습으로 포장되었다. 한 마디로 배타적 상대주의에 기초하고 있는 것이다. 배타적 상대주의는 인권의 절대성과 보편성을 부정하고 인권의 개별화와 서열화가 가능하다고 믿는 것이다. 인권의 개별화와 서열화란 인간의 여러 권리를 각각 독립적인 것으로 간주하고 권리들 간에 우선순위를 설정하는 것이다. 여기에서 권리들 간의 서열을 매기는 결정적 변수는 역사적 · 문화적 특성이고, 서열에 따라 덜 중요하다고 간주되는 권리는 더 중요하다고 간주되는 권리의 확보를 위해 얼마든지 포기될 수 있다는 것이 논의의 핵심이다.

이러한 논리를 바탕으로 리콴유와 마하티르는 궁핍으로부터의 탈출, 나아가 물질적 풍요, 그리고 조화로운 사회 건설의 이름 아래 '서구적 인권' 개념이 결코 보편적 인권이 될 수 없음을 강조한 바 있다.

즉 개인의 자유와 권리에 앞서 전체의 생존문제를 해결하는 경제발전이 더욱 중요하기 때문에 시민적·정치적 권리는 유보될 수 있고 유보되어야 한다는 것이다. 그러나 경제발전을 위해서 왜 인권이 반드시 제한되어야 하는지에 대해서는 아무런 설명도 하지 않으며 단지 자국의 '특수한 경험' 만을 근거로 할 뿐이다. 사실 자유의 제한과 경제발전 사이에는 일반화될 수 있는 상관관계가 전혀 없다는 것이 많은 연구결과들이 공통적으로 내리는 결론이다. 즉 인권을 탄압하는 정부가 경제발전을 보장한다고 믿을 경험적 근거가 없다는 것이다(정연식 · 이상환, 2000).

다양성과 보편성이 양립할 수 없다는 주장은 싱가포르가 민주주의의 다양한 체제 가운데 하나라는 확신에서 연유한 순환논리이다. 싱가포르가 민주주의라면 다양한 민주주의 체제에 싱가포르의 경우가 포함될 것이고, 따라서 다양성과 보편성은 충돌할 수밖에 없을 것이다. 그러나 민주주의의 여부는 민주주의의 원칙에 의해 판단되는 것이다. 민주주의의 원칙으로 판단하면 안타깝게도 싱가포르는 민주주의가 아니다.

리콴유에게 싱가포르는 틀림없는 민주주의 국가이다. 민주주의를 하나의 수단으로 간주하기 때문이다. 즉 민주주의는 번영과 안정이라는 목표를 구현하는 하나의 도구라는 것이다. 이에 따르면 민주주의의 기준은 선거를 통해 선택된 정부가 번영과 안정을 얼마나 효율적으로 실현하느냐이다. 번영과 안정을 실현하는 정부가 곧 '좋은 정부' 이고 '좋은 정부' 가 곧 민주주의라고 주장하는 것이다. 이러한 논리에 따라 싱가포르 정부는 "특정한 정치 이론이나 이상에 얽매이지 않고 효과적으로, 공정하게 전체의 복리를 증진하는 방식으로" 통치하는 '좋은 정부'이므로 민주주의 정부라고 주장한다. 그러나 민주주의를 판단하는 기준으로 정부의 기능 정도 혹은 통치력을 채택하는 것은 싱가포르를 민주주의 체제로 인정받기 위한 궤변에 지나지 않는다. 민주주의와 정부의 통치력은 아무런 관계가 없기 때문이다(정연식 · 이상환, 2000).

인간이라면 누구나 단지 인간이라는 이유만으로 소중한 존재라는 명제, 즉 인권은 결코 부정될 수도 없고 되어서도 안 된다. 이러한 보편적 관점에서 보자면 인권 확보와 신장을 위한 국제사회의 노력 그 자체는 도덕적으로 타당한 것이다. 그러나 인권 신장을 위한 전략적 차원에서 보았을 때 서구적 인권 개념을 비서구 지역에 그대로 강요하는 전략은 재고의 여지가 있다. 만약 문화적 · 역사적 특성에 따라 인권에 대한 다양한 인식이 존재하는 것이 현실이라면 서구에서 생산된 인권 개념을 일률적으로 적용하는 것은 인권을 신장하기 위한 최상의 방법이 아니라는 주장이 설득력을 가진다. "인권에 대한 강제되지 않은 합의"가 필요하다.

인권에 대한 '통문명적(intercivilizational)' 접근을 통해 상이한 문화 속에서 근사한 개념들의 교합점을 찾는 것이 절실하다. 바꾸어 표현하자면 아시아 지역의 인권을 신장하기 위한 노력은 아시아의 문화와 전통에 도전하기보다 토착적 인권 전통을 발굴해 그것을 바탕으로 아시아인들이 인권의 가치에 자발적으로 동의하도록 설득할 수 있어야 한다는 것이다. 예컨대 태국의 경우 불교의 비폭력 원칙을 통해 인권이라는 결론에 도달할 수 있을 것이고, 또한 그렇게 동의된 인권의 보호막으로 제도적 · 법적 장치와 더불어 국왕의 권위까지 동원될 수 있는 것은 태국만의 강점이 될 수도 있다는 것이다. 만약 이와 같은 인권의 '국지적 정당화'를 통해 인권을 존중하는 관행이 전통적 문화 위에 놓여진다면 인권이 장기적으로 보호될 가능성은 더욱 커질 것으로 기대된다(정연식 · 이상환, 2000).

프리덤하우스는 1978년부터 지속적으로 세계 각 국의 정치적 권리와 시민적 자유에 관한 연간 보고서 『세계 자유현황(*Freedom in the World*)』을 발간해 왔다. 더불어 공산주의 체제가 붕괴하면서 새롭게 등장한 27개 국가들에 대해서는 1995년부터 『민주적 변화(*Nations in Transit*)』라는 민주화 과정에 대한 보고서를 발간하고 있다.

오늘날 민주주의는 크게 다음과 같은 조건을 충족시켜야 한다. 첫째 정부 지도자 선출에 대한 시민의 참여, 둘째 복수의 후보에 의한 선출관료직의 경쟁, 셋째 정부의 시민에 대한 정치적 · 시민적 자유의 보장 등이 그것이다. 이것은 언론의 자유, 출판의 자유, 합법적인 선거, 결사의 자유, 다수결의 원칙, 소수의 권익 보호 그리고 사법부 독립의 기초 위에서 성립될 수 있는 것이다.

프리덤하우스는 민주주의와 자유의 중요성을 강조하기 위해 세계 각국 및 지역에 대해 단일한 기준을 가지고 조사를 진행한다. 프리덤하우스가 제시하는 민주주의의 개념은 "공정하고 자유로운 경쟁이 보장된 그룹들 가운데서 시민들이 선거를 통해 자신들의 지배자(정치 지도자)를 선출할 수 있으며, 정부에 의해 임명된 개인의 통치를 받지 않는 것"을 말한다. 그리고 자유는 "시민들이 정부나 다른 어떤 지배세력들의 통제나 간섭을 받지 않고 자발적으로 다양한 분야에 대해 선택하고 행동할 수 있는 기회를 분명하게 누리는 것"이라고 정의한다(FH, 2007).

먼저 『세계 자유현황(*Freedom in the World*)』은 '정치적 권리'와 '시민적 자유'의 정도를 평가하는데, 정치적 권리는 "시민들이 정치과정에 자유롭게 참여할 수 있는 것"을 의미한다. 여기에는 투표할 권리와 공무원이 되기 위해 경쟁에 자유롭게 참여할 수 있는 권리가 포함된다. 그리고 '시민적 자유'는 "국가의 방해 없이 여론을 형성하고 제도에 참여하며 개인적인 자율권을 지닐 수 있는 자유"를 말한다.

『세계 자유현황(*Freedom in the World*)』의 평가는 프리덤하우스에 소속된 30여 명의 학자와 분석가들이 동일한 점검항목(정치적 자유 10항목, 시민적 자유 15항목)을 가지고 각국별로 항목마다 점수를 할당하는 형식으로 이루어진다. 정치적 권리와 시민적 자유의 점검항목에 따른 평가결과는 합산을 통해 1에서 7까지의 등간척도를 사용한 종합 평가로 귀결된다. 1이 정치적 권리와 시민적 자유가 가장 높은 것이며, 7은 반대로 가장 낮은 것이다. 종합 평가에서 1-2.5는 '자유국가'로 간주되며, 3-5.5는 '부분적인 자유국가'로 평가된다. 그리고 5.5-7은 '자유롭지 못한 국가'이다(FH, 2007).

프리덤하우스의 FR(2007년도 자료) 평균에 의하면 서구유럽/북미/오세아니아 지역 1.1, 라틴아메리카 지역 2.6, 동구유럽/중앙아시아 지역 3.3, 아시아 및 아프리카 지역 4.3 순으로 민주화되었다. 선진국들이 분포된 서구유럽과 북미 지역이 민주화에 앞서 있고, 상대적으로 아시아 및 아프리카 지역이 민주화에 가장 뒤떨어져 있음을 알 수 있다. 서구유럽/북미/오세아니아 지역의 경우 조사대상 24개국 중 파푸아뉴기니아를 제외하고 모든 국가가 자유로운 국가로 평가되었다. 반면에 아시아의 경우 조사대상 36개국 중 16개국, 아프리카의 경우 조사대상 43개국 중 16개국이 자유롭지 못한 국가로 민주화에 낙후된 국가들이 존재함을 알 수 있다(이상환, 2007a/b).[3)]

〈표 1〉에서와 같이 최근 발표한 2008년도 『세계 자유현황(*Freedom*

in the World)』에 따르면 아시아의 경우 FR 평균치가 4.41로 2007년도 4.3보다 다소 악화된 모습을 보이고 있으나 조사대상 35개국 중 자유국가 7개국, 부분적인 자유국가 15개국, 비자유국가 13개국으로 지난해 각각 8개국, 12개국, 16개국에 비해 다소 나아진 상황을 나타내고 있다. 아시아 지역 내에서 비교 검토하면 동북아 2.75, 남아시아 4.5, 동남아 4.8, 중동 4.88의 순으로 민주화되어 있고, 국가별로 보면 한국, 일본, 대만, 이스라엘이 1.5로 민주화되어 있음을 나타내고 미얀마가 7.0, 중국, 라오스, 사우디아라비아, 시리아가 6.5로 최악의 상황임을 보여주고 있다.

동아시아에서 보편적인 인권의 기준을 설정하기 위해서는 가장 적합한 인권의 개념을 설정하고 개념 정의에 따른 인권 기준이 마련되어야 한다. 문화상대주의를 인정한다 할지라도 이것이 보편적인 인권 기준의 설정을 막지 못하며, 인간으로서 당연히 누려야 할 권리를 박탈할 수 없는 것이다. 세계화 · 정보화의 시대에 있어서 최소한도 동아시아적인 인권보호 혹은 민주화를 위한 보편적인 기준 설정은 가능하다고 할 수 있다. 개별국가적인 특수성 주장은 더 이상 설득력이 없는 것이다.

지난 반세기에 걸쳐서 국제 인권 레짐은 형성되어 왔다. 이러한 국제 인권 레짐은 인권규범과 기준을 분명히 하고 이들 기준을 조약, 법적 결정 및 관례에 성문화해 온 것으로 알려졌다. 정부간기구와 비정부기구는 전 세계적 및 지역적 수준에서 국가의 인권기록을 감시하고

3) 해당 연도.

인권 유린 및 시정 보고서를 받는 일을 행해왔다. 양 기구는 레짐의 규범을 개선하고 법적 체계를 개선하는 방법에 관해 국가들을 교육시키고 국가들이 인권규범을 크게 위반할 시 시정을 강행하는 일을 해왔다. 동아시아 국가들이 이러한 흐름에 동참하고 동아시아 국가들만의 기준 설정을 통해 서구적 시각과의 간극을 좁혀가는 노력을 행한다면 지역적 인권 레짐이 보편적인 국제 인권 레짐으로 발전될 수 있는 계기가 될 것이다.

Ⅳ. 동아시아 반부패 및 인권 논의의 연관성

반부패와 민주화(인권 개선)의 연관성에 대해 다양한 논의들이 개진되고 있으나 크게 세 가지 입장으로 구분이 가능하다. 첫째, 가장 일반적으로 지지되고 있는 상관관계로서 "민주화는 부패를 감소시킨다"는 입장이다. 즉 정치적 권리와 시민적 자유의 수준이 높은 국가일수록 부패가 적다는 것이다. 둘째, 첫째와는 상반되는 입장으로 "민주화가 부패를 촉진시킨다"는 입장이다. 예를 들어 자유언론과 정치적 반대파가 용인되는 개방된 사회가 권위주의체제에 비해 더 부패할 수 있다는 주장이 존재한다. 심지어 민주제도가 부패의 유인을 제공하고, 반복되는 선거를 치르기 위해 유권자를 관리하는 비용이 지속적으로 늘어남으로써 부패구조가 체계화된다는 주장도 있다. 셋째, 민주주의와 부패수준 사이에 단순선형 관계가 존재하지 않는다는 입장이다. 즉 부패문제는 단순히 민주적 제도를 통해서만 해결되지 않으며, 다양한 변인이 존재하기 때문에 민주주의와의 양자적 상관관계로 단순화시켜 설명하기에는 무리가 있다는 것이다. 지금까지 살펴본 바와 같이 민주주의와 부패의 상관관계는 세 가지의 상이한 입장이 제시되고 있으나 대체적으로 첫 번째의 주장인 '민주주의는 부패를 감소시킨다' 라는 주장이 가장 큰 설득력을 지닌다고 할 수 있다(이상환, 2006). 하지만 동아시아 지역에 적용해 본 이 연구의 결과는 첫 번째 주장과 세 번째 주장의 중간에 있다고 말할 수 있다.

민주화를 위한 길에는 다양한 방법과 경로가 있다. 그리고 부패를 척결하는 데는 다양한 해결책이 존재한다. 예를 들어 동아시아 지역에서 반부패의 가장 큰 걸림돌의 하나는 정치적 민주화의 낙후 문제이다. 상당수의 개도국들이 1980년대 이후 절차적 차원의 민주주의를 달성하고 오늘날까지 유지하고 있지만 그 내면에는 여전히 권력을 계속해 유지하려는 지도층의 비민주적 요소가 자리 잡고 있다. 특히 민주주의에서 지도자를 뽑는 공정하고 경쟁적인 선거는 민주주의와 비민주주의를 구분하는 가장 중요한 기준이 되는데, 선거제도가 정착되었다고 하더라도 실질적인 의미의 자유민주주의를 달성했다고 말할 수 없는 것은 그 성패 여부가 선거과정의 투명성에 달려 있기 때문이다(이상환/김웅진 외, 2006). 역설적으로 만성적인 부패문제를 해결해야만 동아시아의 민주주의는 공고화되었다고 말할 수 있다. 이를 위해 올바른 감시자 역할을 할 수 있는 시민사회의 성숙이 요구되는 것이다.

2006년 11월 국제투명성기구가 발표한 부패인지지수는 빈곤과 부패의 상관성을 잘 보여주고 있다. 최빈국들이 CPI 순위에서 최하위를 차지하고 있는 것이다. 2006년 CPI의 결과는 부패와 빈곤의 강한 상호 연관성을 뚜렷하게 보여준다. 거의 4분의 3 정도의 국가들이 CPI

점수 5점 이하를 기록했는데, 여기에는 모든 저소득국가와 2개국을 제외한 모든 아프리카 국가들이 포함되었다. 이는 거의 모든 국가들이 심각한 국내 부패상황에 직면해 있다는 것을 보여준다. 거의 절반에 해당하는 71개 국가들은 그 사회에 부패가 만연하다는 것을 나타내는 3점 이하를 기록했다. 아이티가 1.8점으로 최저였고 기니, 이라크, 미얀마가 1.9점으로 뒤를 이었다(TI, 2006). 이는 부패 척결을 위해서는 정치적 민주화와 함께 경제적 발전이 밑거름이 된다는 점을 보여주는 것이다.

V. 맺음말 : 동아시아 반부패 및 인권 레짐의 형성을 위한 한일협력

마지막으로 본 연구의 두 번째 물음인 동아시아 반부패 레짐(regime)의 형성 가능성 여부를 논의하고자 한다. 국제정치경제에 있어 최근 새롭게 논의되고 있는 주제 중의 하나는 부패이다. 부패는 인류의 역사가 시작되어 온 이래 항상 끊임없이 존재해 온 고질적인 병폐들 중의 하나이다. 1990년대 이래 경제협력개발기구(OECD) 등 국제기구를 중심으로 국제적 상거래에 있어서 뇌물거래 방지, 즉 반부패 논의가 진행되어 왔다. 이와 같은 국제기구의 부패방지 논의는 국제 상거래 과정에서 발생하는 뇌물공여 행위가 공정한 경쟁을 제한함으로써 궁극적으로 국제무역과 투자의 증진을 저해하는 결과를 초래한다는 인식에서 출발하고 있다. 이른바 '반부패라운드(Anti-Corruption Round)'란 세계무역기구(WTO) 체제 하에서 새로운 이슈로 거론되고 있는 부패와 무역의 연계문제와 관련해 국제적 상거래에 있어서 부패관행의 규제를 위해 국제적 규범의 마련을 위한 다자 간 협상을 의미한다. 하지만 WTO에 속해 있는 개도국들이 이에 반대하고 있어 아직까지 이를 전 세계적인 차원의 뇌물방지 논의로 보기는 어려운 것이 현실이다.

이러한 흐름 속에서 미국은 1970년대 후반부터 OECD, UN 및 GATT 등 다자 간 협상에서 해외 부패관행을 규제하기 위한 노력의 일환으로 국제규범의 마련에 힘을 쏟아왔다. 미국으로서는 특히 OECD 차원에서의 논의에 각별한 노력을 기울여 왔는데, 여기에는 다음과 같은 이유가 존재한다. 이는 국제거래에 있어서 미국기업들과 실질적인 경쟁관계에 있는 외국기업들이라면 사실상 선진국으로 구성된 OECD 회원국 기업들을 의미한다는 점에서 미국의 실질적인 이해관계가 걸려 있기 때문이다. 즉 미국 주도의 반부패논의의 배경에는 미국이 자국기업의 이해를 관철하려는 숨은 의도가 깔려 있는 것이다. 이에 대해 아시아 국가들은 선진국들이 반부패 논의를 이용해 아시아 지역에 대한 시장개방 압력을 가할 것으로 우려하고 있는 상황이다. 그래서 일부에서는 이러한 미국에 대해 또 다른 보호무역주의에 따른 무역장벽을 구축하는 것이라는 비판을 하고 있다. 그러나 '반부패라운드' 의 실효성에 대한 의문도 제기되고 있다. 여기서 무엇보다 반부패 국제협정을 체결하더라도 선언적인 의미 이상의 강제력을 갖기 어렵다는 점이 지적된다. 또한 현재의 반부패 논의가 뇌물 '공급' 에만 초점을 맞추고 있을 뿐 '수요' 를 무시하고 있다는 지적도 있다.

오늘날 국제사회에서의 부패문제는 선진국의 주도 하에 논의되고 있으며, 그 내용도 보편적인 부패문제에 대한 해결을 중심으로 하는 것이라기보다는 결국은 통상문제와 직결되는 뇌물거래 방지를 위한 논의에 초점이 모아지고 있다. 이는 국가경쟁력의 문제와 연결되는 이슈로 전 세계적인 차원의 해결의 실마리를 찾기가 쉽지는 않으나 보편적인 부패문제의 해결보다는 보다 효과적인 제도를 통해 실효성 있는 결과를 얻어낼 가능성은 높다고 볼 수 있다.

부패와 맞서 싸우려는 노력이 증가함에 따라 반부패 활동과 관련한 점증하는 수의 조직과 단체들 사이에 정보교환과 협력의 필요가 증대하고 있다. 1983년 이래 격년으로 국제반부패회의(IACC)가 반부패에 관한 정보와 생각을 교환하고 기존의 전략을 평가하며, 나아가 새로운 접근법을 계발하는 반부패 전문가 모임이 되어왔다. 이 모임에는 정치인들, 국가 및 지방 정부 공무원들, 기업 및 전문가 대표들, 법조인들, 연구자들, 국제개발기구들, 언론 및 학계 관련자들, 그리고 비정부기구들이 참여해 왔다. 한 마디로 말해 다양한 부패행위를 접하고 이러한 부패관행의 척결에 대해 관심을 갖는 사람들의 모임이라고 할 수 있다. 1997년 세계 93개국에서 1,000여 명의 대표들이 참석한 리마 회의에서 채택된 리마 선언(Lima Declaration)[4]과 1999년 더반 회의에서 채택된 더반 서약(The Durban Commitment to Effective Action Against Corruption) 등은 국제반부패 활동의 지침서 역할을 하고 있다. 더반 회의에는 세계 135개국으로부터 1,600여 명이 참가했는데, 부패를 20세기 최악의 유물의

4) 그 주요내용은 다음과 같다. "부패는 모든 사회의 도덕성을 침해한다. 빈곤과 소외계층의 사회적 · 경제적 권리를 빼앗는다. 민주주의에 해를 끼친다. 모든 시민사회의 근간인 법치를 파괴한다. 발전을 저해한다. 다양한 집단의 편익을 저해한다."

하나라고 규정했으며, 리마 선언에서도 언급되었듯이 부패는 전 세계 민들을 위협하는 죄악이라서 빈곤을 심화시키고 인권을 악화시키는 등 악영향을 끼친다고 의견을 모았다.

OECD의 뇌물방지협약의 발효로 시작된 부패방지를 위한 국제적인 다자 간 노력은 국제적인 거래와 계약에 있어서 만연된 부패가 자유롭고 투명한 공정경쟁을 해치고 자원배분의 왜곡을 불러와 궁극적으로 세계경제의 지속적인 발전을 어렵게 만든다는 신자유주의적 논리이다. 부패방지를 위한 국제적인 노력은 공식적인 제도와 국제협약을 만드는 것에서부터 출발하고 있다. 현실적으로 부패를 완전히 없애는 국제협력이란 기대하기 힘드나 국제사회가 각 국가들로 하여금 국제협력에 순응할 수밖에 없는 조건을 조성하는 것은 가능하리라고 생각된다.

동아시아에서 반부패 레짐의 형성은 2005년 부산에서 열린 APEC 정상회의에서 그 가능성을 보여주었다. 당시 노무현 대통령은 APEC 최고경영자회의(CEO Summit)에서 연설 후 이 회의에 참석한 기업인들이 공동 서명한 반부패 서약서를 전달받았다. 이 행사에는 외국기업인 550여 명 등 800여 명의 기업인들이 참석했다. 노대통령은 연설을 통해 "안전하고 투명한 기업 환경 조성은 거래비용을 낮추는 데 필수적"이라며 "APEC이 이번에 반부패를 정부 차원의 의제로 채택해 논의하고 있는 것은 작년부터 여러분이 기울여온 반부패 노력의 결과라고 생각한다"고 밝혔다. 아울러 제13차 APEC 경제지도자 회의 부산선언(2005. 11. 18-19, 대한민국 부산)은 " … 우리는 부패행위로 유죄판결을 받은 관료 및 개인, 이들을 부패시킨 자 및 이들이 불법으로 취득한 자산에 대한 도피처를 거부하고, 국제 거래를 포함해 뇌물에 연관된 자를 기소하기 위한 역내 협력을 강화하기로 합의했다. 아울러 우리는 해당 회원국의 'UN 반부패 협약' 원칙에 대한 이행이 깨끗하고, 정직하고 투명한 아시아 태평양 공동체를 달성하려는 우리의 의지를 강화시키는 데 긍정적인 영향을 미칠 수 있음에 공감했다. 우리는 'APEC 2005 최고경영자회의'에 참석한 최고경영자들이 서명해 제출한 ABAC 반부패 서약을 환영했고, 반부패 운동에 있어서 민관 협력을 권장했다 … "라는 내용을 담고 있다(이상환, 2007a).

APEC은 향후 전 세계적인 반부패 레짐 형성의 실험대가 될 수 있는 장이라고 할 수 있다. 왜냐하면 APEC 21개 회원국은 각기 다른 경제적 수준과 다양한 문화적 배경을 갖고 있는 국가들로 구성되어 있기 때문이다. 따라서 이러한 격차를 뛰어넘어 레짐 형성이 가능하다면 전 세계적인 반부패 레짐 형성 혹은 동아시아 반부패 레짐 형성은 가능하다는 결론을 내릴 수 있다. 현재 통상과 연계된 국가경쟁력 차원의 반부패 레짐(anti-corruption regime)이 진정한 의미의 부패척결을 목표로 한 국가윤리 차원의 윤리 레짐(ethics regime)이 되기를 바라는 것은 가까운 장래에 어려울지라도 투명한 국제 경제관계를 위한 뇌물거래 방지 및 돈세탁 방지 등을 규제하는 레짐 형성은 가능하며 달성해야 할 목표라고 생각된다. 이를 위해 동아시아의 지도국인 일본의 역할이 중요하며, 동북아의 일본과 동남아의 싱가포르를 중심축으로 하고 이에 한국, 대만, 말레이시아가 협력 시스템을 구축한다면 동아시아 반부패 레짐의 형성과 발전은 가능할 것이다.

또한 동아시아 인권 레짐(regime)의 형성 가능성 여부를 논의하고자 한다. 17세기 후반 유럽의 지적 혁명과 함께 싹튼 인권사상은 그후 영국, 프랑스, 미국 혁명의 정신적 밑거름이 되었고, 제2차 세계대전 중

홀로코스트(Holocaust)와 같은 비극을 통해 인간이 인간에게 얼마나 잔인할 수 있는지를 경험하고 난 후 인권은 전 세계적인 이슈가 되었다. 인권유린을 막기 위한 국제사회의 노력은 1948년 UN의 세계인권선언(Universal Declaration of Human Rights)을 시작으로 구체화되었고, 이 선언문에 포함된 인간의 권리는 이제 보편적 가치로 받아들여지고 있다. 그러나 여러 가지 권리가 동시에 성취될 수 없을 경우 보호해야 할 권리의 순서를 논리적으로 정하는 것은 쉽지 않다. 중국의 주장처럼 권리의 우선순위를 결정하는 보편적 혹은 일률적 기준을 도출하기란 지극히 어려운 문제이다. 중국은 바로 이러한 점을 이용해 미국이 중국의 인권문제를 거론하는 것에 대해 내정간섭이라며 반발하고 있다. 또한 유고 공습에서처럼 미국이 인권외교를 추구하는 방법에 대해서도 논란의 여지가 있을 수 있다. 예컨대 인권침해국에 대한 제재의 수단이 피제재국 국민들의 또 다른 인권을 침해하는 상황을 야기할 수도 있기 때문이다.

제2차 세계대전 이래 글로벌 인권 거버넌스의 현저한 진보가 있어왔다. 세계화는 국제인권의 발전에 방해물이자 자극제가 되어왔다. 경제적 세계화는 개발도상국에서 값싼 노동력을 활용하는 다국적 기업들에게 보다 많은 기회를 낳았다. 그것은 새로운 취약성을 낳았다. 하지만 경제적 세계화는 인권을 해치는 사회 내 그리고 사회 간 광대한 경제적 불균형에 보다 많은 관심을 기울이게끔 했다. 한편, 통신의 세계화는 심각하고 흔히 급속한 대응을 낳으면서 인권유린과 잔학성이 광범위하게 알려지게끔 해왔다. 그것은 인권 이슈에 민감하고 영향을 미칠 준비가 되어있는 국제적 청중을 만들었다(김계동 외, 2007).

아울러 지역적 인권기구는 비록 다양하기는 하지만 보편적 기준 설정에 공헌해 왔다. 유럽체제는 달성된 광범위한 합의와 설정된 절차의 강도의 측면에서 인권보호를 위한 가장 성공적인 체제로서 간주되며, 1961년 유럽 사회헌장은 빈곤과 성적 학대에 대한 보호를 포함한 경제적 및 사회적 권리를 통합하고 있다. 1953년 인권과 기본적 자유에 관한 유럽 협정은 정치적 및 시민적 권리를 망라하고 있다. 그 헌장은 1996년에 수정되었으며, 45개 국가들 중 약 4분의 3이 이를 비준했다.

미주기구(OAS)와 인권 관련 미주협정으로 결성된 미주 인권 레짐은 정치적 및 시민적 권리를 강조한다. 여러 국가들에서 국가제재의 고문과 실종을 포함한 1970년대와 1980년대의 광범위한 인권유린 행위는 그 레짐을 훼손했다. 1980년대에 라틴아메리카는 "규범의 폭포"라고 불린 것, 즉 지역협정뿐만 아니라 국제협정에 명시된 인권규범의 정당성을 인식하는 방향으로의 급속한 변화를 경험했다. 그 지역에 걸쳐서 민주정권의 등장으로 그 레짐에 명시된 기준으로의 회귀가 일어나고 있는 것이다.

아직은 초보적인 수준이나 오늘날 국제사회에서 인권보호를 위한 주권의 제한 가능성에 대한 국제적 합의는 상당 부분 인정되는 분위기이다. 신국제주의(new internationalism)는 바로 "인권이 주권에 우선한다"는 원칙에 근거하고 있다. 동아시아 지역 내에서 보다 포괄적인 보편적 인권기준을 설정하는 것이 쉽지는 않겠으나 그 설정 가능성을 부인할 수 없는 것이 최근의 현실이라고 말할 수 있다. 동아시아 국가들 중 인권 개선 및 민주화를 의제로 레짐 형성을 주장할 수 있는 국가는 한국, 일본, 대만 정도라고 할 수 있다. 프리덤하우스의 민주화 지수에 의하면 그 외의 국가들은 부분적인 자유국가 혹은 비자유국가로 분류되는 인권침해국 혹은 비민주국인 것이다. 이들 국가가 아직 열악한 인권 상황에 놓여있으나 인권 개선을 위한 국제사회의 요구를 거부할 정당한 이유를 가지고 있지 않으므로 동북아 3국의 주도 하에 인권 레짐 형성 논의를 한다면 그 거부감은 적으리라 본다. 문제는 중국의 태도인데, 사회주의적 인권 개념의 틀을 벗어나지 못한다면 그 간극을 좁히는 데 적지 않은 시간이 걸릴 것으로 예상된다.

앞서 언급했듯이 부패와 인권은 국제사회에서 비교적 최근 대두된 이슈라고 말할 수 있다. 국제 반부패 이슈의 경우 1997년 OECD 뇌물거래방지협정이 체결된 이후, 그리고 국제 인권 이슈의 경우 1990년대 말 코소보 및 동티모르 사태를 경험하면서 국제사회의 관심을 끌게 된 것이다. 문제는 이러한 이슈들이 쉽게 해결되기 어려운 특성을 갖고 있으며, 두 가지 이슈 모두 권력(political power)과 맞서 싸우는 성격을 갖고 있다. 즉 "권력을 가진 자만이 부패할 수 있고 인권을 침해할 수 있다"는 명제 하에 개별 국가적인 해결이 어렵다는 것이다. 따라서 국제사회의 개입이 요구되며, 주권 제한을 수반할 수밖에 없는 것이다.

문제는 서구적 입장과 비서구적 입장의 차이로 그 국제적 기준 마련과 이에 따른 레짐 형성의 진전이 더디다는 것이다. 따라서 단계적인 접근 하에 비서구 지역 즉 동아시아만이라도 지역적인 기준 설정과 레짐 형성이 가능하다면 이를 추후 확대 적용할 수 있으리라 생각된다. 장기적으로 전 세계적인 보편적 기준 마련과 레짐 형성을 위해 과도기적으로 동아시아적인 기준과 레짐 형성이 필요하다는 것이다. 이런 측면에서 경제발전 수준은 차이가 크지만 사회문화적 이질감이 상대적으로 적은 동아시아에서 반부패 및 인권 기준 설정과 레짐 형성이 가능하다는 것이 이 연구의 결론인 것이다. 이러한 과정에서 국제 비정부기구의 역할은 크다고 할 수 있다. 시민사회의 역량이 모자라서 권력과 맞서 싸워나갈 수 없는 동아시아 개도국들에서 특히 그러한 것이다.

동아시아 반부패 및 인권 레짐의 형성을 위해 리더십을 발휘할 수 있는 행위자는 동북아 3개국인 한국, 일본, 대만이라고 할 수 있다. 국제투명성기구의 부패인지지수와 프리덤하우스의 민주화지수를 살펴보면, 이들 3개 국가는 투명성과 민주화에 있어서 동아시아 국가 중 지도적 위치를 점하고 있다. 정치경제적 영향력을 고려하면 중국의 역할을 무시할 수 없으나, 부패상황은 세계 평균치에도 미치지 못하고 민주화 수준은 비자유국가에 분류될 정도로 중국은 열악한 부패 및 인권 상황에 놓여 있는 것이다. 동아시아 반부패 및 인권 레짐 형성을 위해 한국과 일본의 협력이 강조되는 이유는 대만은 정치적 이유로 나설 수 없고 중국은 현실적 약점을 안고 있는 터라 이를 주창할 상황이 아니기 때문이다. 결국 한국과 일본이 중국을 껴안고 리더십을 발휘하는 것이 그 관건이 되며, 초기 단계에서는 정부 차원보다는 민간 차원, 즉 비정부기구 차원에서 논의가 진전되고 나아가 공식적인 제도, 즉 레짐 형성이 이뤄지는 단계적 지역협력체제를 발전시켜 나가야 할 것이다.

참 | 고 | 문 | 헌

김계동 외 역. 『국제기구의 이해 : 글로벌 거버넌스의 정치와 과정』. 서울 : 명인문화사. 2007.

박기철. "중국 부패의 대안으로서의 정치민주화 가능성 연구." 『중국연구』. 제30권. 2002.

박재완 외. "부패수준의 측정모형 : MIMIC과 dymimic." 『한국부패학회춘계학술회의 논문집』. 서울 : 한국부패학회. 2001.

이상환. "국제적 반부패 논의에 대한 고찰 : 한-중-일의 시각 비교." 『세계지역연구 논총』. 제25집 1호. 서울 : 한국세계지역학회. 2007a.

_____. "국제 인권 레짐의 형성에 대한 고찰 : 보편성과 상대성의 조화를 중심으로." 『사회과학논집』. 제24집 1호. 서울 : 한국외국어대학교 사회과학연구소. 2007b.

_____. "부패와 민주주의 : 남아시아 사례에 대한 경험적 연구." 『남아시아연구』. 제11집 2호. 서울 : 한국외국어대학교 남아시아연구소. 2006.

_____. "미국 인권외교정책의 이중성." 『사회과학논집』. 서울 : 한국외국어대학교 사회과학연구소. 2003.

_____. "세계시민사회와 국제비정부기구 : 국제사회에서 INGOs의 역할과 한계를 중심으로." 『21세기정치학회보』. 제11집 1호. 부산 : 21세기정치학회. 2001.

_____. "신국제정치경제질서의 도래와 세계민주공동체로의 전환." 『국제정치논총』. 제36집 1호. 서울 : 한국국제정치학회. 1996.

이상환 · 김웅진 외. 『라틴아메리카의 민주주의 : 이행과 공고화』. 서울 : 한국외국어대학교출판부. 2006.

이원웅. "국제사회 인권압력에 대한 북한의 인식과 대응 : 비판적 평가." 『국제정치논총』. 제47집 1호. 서울 : 한국국제정치학회. 2007.

_____. "국제인권레짐과 비정부기구(NGO)의 역할." 『국제정치논총』. 제38집 1호. 서울 : 한국국제정치학회. 1998.

정연식 · 이상환. "미국의 인권외교정책 : 중국과 한국의 사례 비교." 『21세기 국제관계연구의 쟁점과 과제』. 서울 : 박영사. 2000.

최정학. "한국의 부패통제정책 : 평가와 제언." 『민주법학』.제24호. 2003.

Baehr, Peter R. *The Role of Human Rights in Foreign Policy*. London : The Macmillan Press. 1994.

Evans, Tony. *U.S. Hegemony and the Project of Universal Human Rights*. New York : St. Martin's Press. 1996.

Fisman, R., and Robera Gatti. "Decentralization and Corruption : Evidence across Countries." *Journal of Public Economics*. 83. 2002.

Fraser, Donald M. "Human Rights and U.S. Foreign Policy : Some Basic Questions Regarding Principles and Practice." *International Studies Quarterly*. 23-2. 1979.

Lee, Sang-Hwan. "Global Anti-Corruption Issues : Empirical Analyses on the Relationships between the Corruption Perception Index of Transparency International and National Socio-economic Situations in East Asia." *Paper presented at the 2002 Annual Meeting of the International Studies Association. 2002.*

Maitland, E. "Modelling Economic Corruption : Implications for Multinational Enterprises." *Paper presented at the 2002 Annual Meeting of the International Studies Association. 2002.*

Rose-Ackerman, S. "Democracy and 'Grand' Corruption." *International Social Science Journal*. Vol. 149. 1996.

Freedom House (http://www.freedomhouse.org)

Transparency International (http://www.transparency.org)

World Bank (http://www.worldbank.org)

제5장

한일 에너지 협력관계의 모색

동북아 에너지 협력을 중심으로

이재승(고려대학교)

I. 머리말

중동 지역의 불안 및 중국을 비롯한 거대 개발도상국들의 수용 증대로 인한 전 세계적인 고유가의 지속은 에너지 안보에 대한 위기의식을 새로이 고조시키고 있다. 에너지 자원의 대부분을 수입에 의존하고 있는 한국과 일본은 거대 수요국으로서 이러한 에너지 수급 위기의 일차적인 당사자가 되고 있다. 〈그림 1, 2〉에서 보여지듯이 일본과 한국은 석유 및 LNG 소비 및 수입에서 주요한 수요국이다. 따라서 에너지 안보의 강화라는 정책기조 하에서 양국은 해외 자주개발, 장기 수급 계약 체결 등 공급 측면의 정책과 더불어 에너지 구성비(energy mix)의 조정 및 수요관리, 대체 에너지 개발 등의 수요 측면의 정책을 적극적으로 추진하고 있다.

본 연구는 한국과 일본의 에너지 안보 전략을 동북아 에너지 협력의 차원에서 분석하고, 현 에너지 위기의 상황 하에서 한국과 일본이 에너지 파트너십을 형성할 수 있는 요건들을 알아보고자 한다. 현재 동북아 에너지 협력은 그 필요성에 대한 광범위한 인식에도 불구하고 실제적인 진전이 더디게 이루어지고 있다. 러시아가 주요 에너지 공급국으로 부상한 가운데 한국과 일본, 그리고 중국은 에너지 공급에 있어 협력보다는 경쟁의 양태를 보여온 것이 사실이다. 그러나 이러한 상황 하에서 양국이 제로섬(zero-sum) 형식의 경쟁을 지속하는 것보다 상호 보완적인 윈-윈(win-win) 형태의 협력을 추진할 필요성과 개연성이 충분히 존재한다는 전제 하에 본 연구는 양국의 에너지 정책의 비교를 통해 새로운 한-일 에너지 파트너십의 가능성을 모색하고자 한다.

본 연구의 구성은 다음과 같다. 제II절에서는 동북아시아의 에너지 현황을 전 세계적, 그리고 아시아의 에너지 수급 전망을 중심으로 알아보고, 동북아시아에서의 에너지 위기의 주요 요인을 분석한다. 제III절과 IV절에서는 각각 한국과 일본의 에너지 정책의 현황과 주요 정책 기조를 정리한다. 제V절에서는 동북아 에너지 협력에 있어서 한국과 일본, 그리고 나아가 중국이 취할 수 있는 어젠다를 도출하고, 이를 바탕으로 동북아 에너지 협력에 있어 양국의 협력 가능성을 논의해 보고자 한다.

그림 1. 주요 석유 수입국 현황, 2006

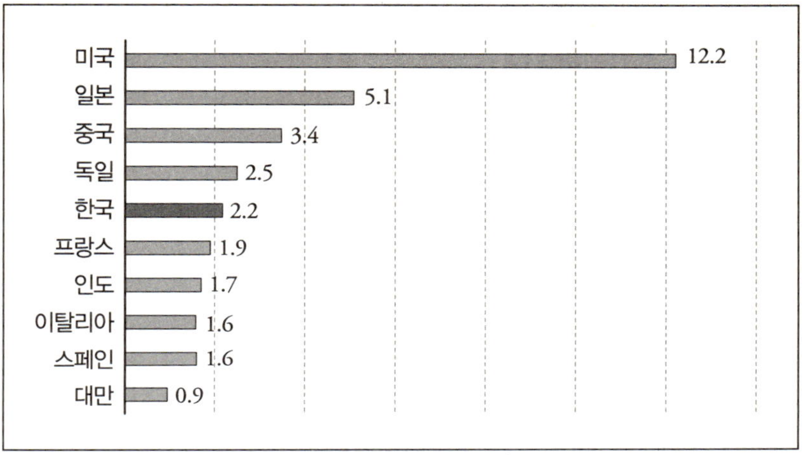

자료 : EIA Short-Term Energy Outlook (May 2007).

그림 2. 주요 LNG 수입국 현황, 2005

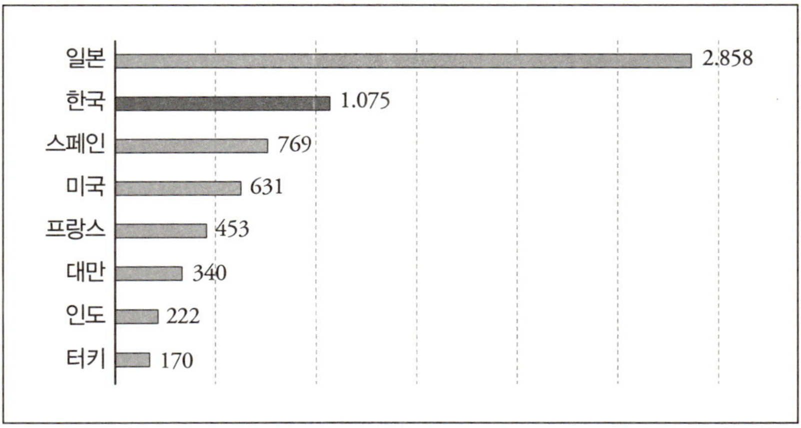

자료 : EIA Natural Gas Monthly (Aug 2006) ; IEA Natural Information 2006 ; CEDIGAZ Natural Gas in the World 2005.

II. 동북아시아 지역의 에너지 현황

1. 에너지 수급 전망

동북아시아의 에너지 안보의 위기는 전 세계적인 수요 증가, 그리고 특히 아시아 지역의 수요 급증에 일차적으로 기인한다. 세계의 1차 에너지 소비는 2030년까지 연 1.9%의 속도로 지속적인 증가가 예상된다. 이 중 증가량의 87%를 차지하고 있는 화석연료(석유, 천연가스, 석탄)는 향후에도 주요 에너지원으로서의 역할을 할 것으로 보인다. 〈그림 3, 4〉는 세계 에너지 수요의 수요 전망을 에너지원 및 지역별로 보여준다.

아시아의 1차 에너지 소비는 향후 연평균 2.9% 증가할 전망이며, 2030년까지 세계 1차 에너지 소비 증가량의 53%를 아시아가 차지할 것으로 예측된다. 에너지원 중 가장 큰 비중을 차지하는 석유에 있어서 아시아 지역의 수입 의존도는 2030년에 84%로 상승할 것으로 보이며, 이러한 석유 소비 증가량의 약 80%는 중동을 비롯한 OPEC에 의해 공급될 전망이다. 최근 수요가 급증하고 있는 천연가스는 발전 및 민간소비 부문에서 비중이 높아지고 있으며 LNG 및 PNG(파이프라인) 양측 모두 향후 생산능력, 수송능력 확대를 통한 수급안정화가 주요한 고려사항이 되고 있다. 또한 아시아권에서는 발전용을 중심으로 석탄 소비량의 증가가 현저해 세계의 석탄 소비 증가량 중 75%는 아시아에 의해 채워질 것으로 전망된다. 석탄의 활용은 효율 향상 및 탄소 배출 절

그림 3. 세계 총 에너지 소비 및 수요 전망(에너지원별)

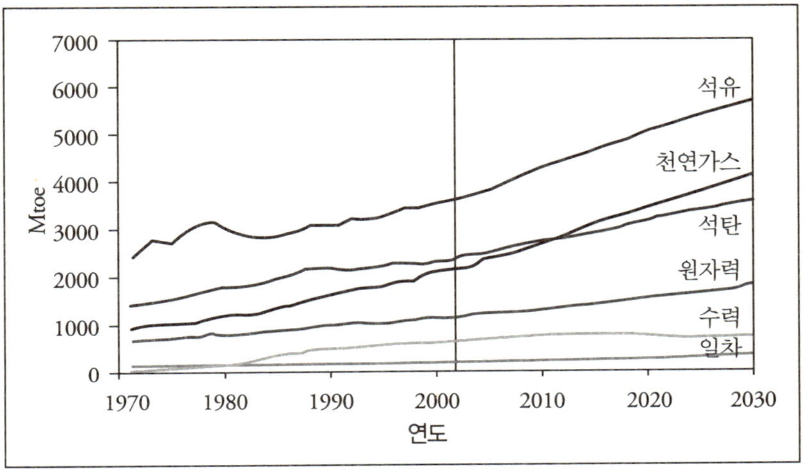

자료 : IEA Statistics (2005).

감 기술을 통한 청정석탄(Clean coal)기술의 개발 및 도입 여부에 따라 그 활용도에 있어 큰 변화가 예상되기도 한다.[1)]

그러나 주요 사용국인 한국, 일본, 중국에 있어서 화석연료는 자체적인 수급확대 여력이 제한적일 수밖에 없다. 따라서 이들 동북아 국가에 있어서 원자력의 역할은 새로이 부각되고 있다. 중국은 본격적인 원자력 에너지 프로젝트를 실시하고 있으며, 일본과 한국 역시 원자력 에너지의 사용 비중을 증대시키는 정책을 추진 중에 있다. 〈표 1〉은 동북아시아의 에너지 소비 및 수요 전망을 보여준다. 국제에너지기구

1) http://www.kiet.go.kr/servlet/isearch?mode=brief_category&induCode=1CXXXXXX ; http://www.keei.re.kr/web_keei/d_results.nsf/5484e61dd6b11a6b49256f82003cc73a/8fb61bb7c5719a3a49256a97001cc280?OpenDocument

그림 4. 세계 총 에너지 소비 및 수요 전망(지역별)

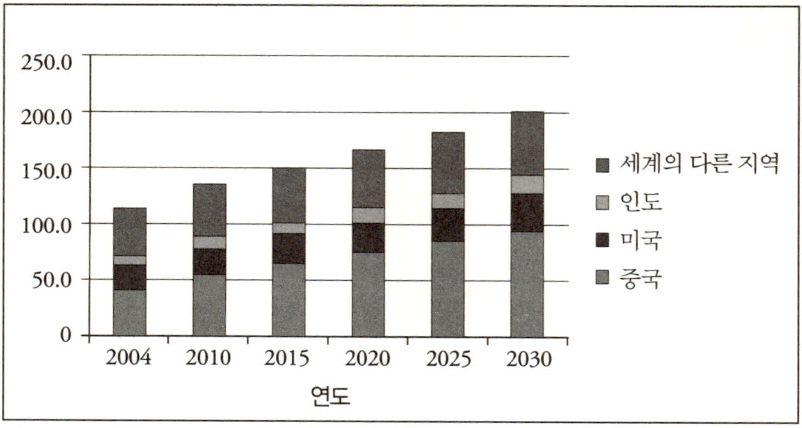

자료 : IEA Statistics (2005).

표 1. 동북아의 에너지 소비 현황

(%는 세계 소비량에 대한 비율임)

	석유	천연가스	석탄	원자력	수력	일차
중국	341.1	44.2	1089.1	11.8	90.8	1576.9
	8.9%	1.8%	37.2%	1.9%	13.6%	15.0%
일본	244.2	73	121.3	66.3	19.8	542.6
	6.4%	2.9%	4.1%	10.6%	3.0%	5.0%
한국	105.5	30	54.8	33.2	1.2	224.6
	2.7%	1.2%	1.9%	5.3%	0.2%	2.1%
동북아*	735.5	156.8	1328.4	120.3	116.0	2457.0
	19.2%*	6.3%	45.3%	19.2%	17.3%	23.3%
OECD	2270.7	1275.1	1168.5	531.3	296.8	5542.4
	59.2%	51.5%	39.9%	84.7%	44.4%	52.6%

* 동북아 통계는 대만을 포함한 것으로 한·중·일 합계와 일부 차이가 있음.
자료 : BP Statistical Review of World Energy June 2006.

(IEA)는 동북아시아 지역 에너지 공급 문제가 2010년에는 더욱 심각해질 것이고, 에너지 경쟁과 대립이 증가할 것이라고 예측하고 있다.[2)]

2. 동북아시아 에너지 안보 위기의 주요 원인

동북아시아의 에너지 안보에 대한 위기감은 2000년대 중반부터 지속된 고유가 현상에 의해 더욱 증폭되었다. 동북아시아 국가들은 중동 지역의 정치적 불안정성과 세계적인 에너지 공급 부족으로 인한 "이중 위기"를 겪어왔다. 에너지 공급에 대한 중동을 비롯한 대외 의존도 상승과 중국의 에너지 수요 급증은 특히 동북아시아 에너지 위기의 주요 요인으로 지적된다.[3)]

첫째로, 동북아시아의 에너지 위기는 중동 지역의 요인과 밀접하게 연관되어 있다.[4)] 한국과 일본은 에너지 공급의 절대적인 물량을 중동 지역의 원유에 의존해 왔다.[5)] 중동 지역의 모든 정치·경제적 불안정성에서 초래된 공급 동요는 두 나라에 확대되어 영향을 미친다. 동북아시아 국가들이 중동의 원유에 크게 의존하고 있는 한 이들의 에너지

2) International Energy Agency, *World Energy Outlook*, 2002 ; Kokichi Ito, Li Zhidong and Ryoichi Komiyama, "Asian Energy Outlook to 2020 : Trends, Patterns and Imperatives of Regional Cooperation," *RIS Discussion Papers* (2005).

3) Robert A. Manning, *The Asian Energy Factor : Myths and Dilemmas of Energy, Security, and the Pacific Future* (New York : Palgrave, 2000).

4) Mamdouh G. Salameh, "Quest for Middle East Oil : The US versus the Asia-Pacific Region," *Energy Policy*, Vol. 31, No. 11 (September 2003).

5) 석유에 있어 한국은 77%, 일본은 86%를 중동에 의존하고 있다.

안보는 항상 원하지 않는 공급 불안정성에 노출되어 있다.

중국의 에너지 소비 증가는 동북아시아 에너지 위기의 또 다른 중요한 요인이다. 중국 경제의 급격한 발전을 뒷받침하기 위해서는 안정적인 에너지 자원, 특히 원유와 가스의 공급이 필수적이다.[6] 대외적인 측면에서 중국의 에너지 안보에 대한 공격적인 확보 노력들은 경쟁국가들과의 마찰을 불러올 가능성도 갖고 있다.[7]

지역적인 관점에서 동북아 에너지의 갈등적 요소는 지역 간의 불균등한 에너지 자원 분포에서 기인한다.[8] 에너지 공급자가 러시아로 국한되어 있는 상황에서 주요 소비국인 일본, 중국, 한국 간의 에너지 자원 분배 경쟁이 증가되었고, 동시베리아(앙가르스크) 원유 파이프라인에 대한 중국과 일본의 최근 대립은 이를 보여주는 사례이다. 양국은 원유 파이프라인을 자국이 선호하는 방향으로 건설함으로써 자원 확보에 있어서 유리한 위치를 차지하려고 시도했다.[9]

6) International Energy Agency, *China's Worldwide Quest for Energy Security* (OECD, 2000).

7) Keun-Wook Paik "The Implications of China's Gas Expansion towards Natural Gas Market in Asia," *Chatham House Paper* (February 2004) ; Roland Dannreuther, "Asian security and China's energy needs," *International Relations of the Asia Pacific* (August 2003) ; Felix K. Chang, "Chinese Energy and Asian Security," *ORBIS : A Journal of World Affairs* 45, 2.(2001) ; International Energy Agency (IEA), *China's Worldwide Quest for Energy Security* (OECD, 2000) ; Liu Xiaoli, Zhang YouSheng, *China Petroleum Security and Regional Cooperation*, Energy Research Institute, NDRC (2003)

8) Glada Lahn and Keun-Wook Paik, "Russia's Oil and Gas Exports to North-East Asia," *Chatham House Paper* (April 2005). ; Nodari A. Simonia, "Russia and Energy Security in the Asia-Pacific Region," *Asian Perspective*, vol. 23 no. 1 (1999).

9) David Murphy and Martin Fackler, "Asia's Pipeline Politics," *Far Eastern Economic Review* (July 24, 2003). ; Kent E. Calder, "China and Japan's Simmering

중요한 에너지 수송 경로인 동남아시아의 불안정성은 동북아 에너지 안보의 또 다른 위협 요인이다. 많은 동남아 및 동북아 국가들이 남중국해를 통해 원유와 LNG 수송을 하고 있지만, 특히 말라카 해협은 주변 국가들의 영토적 분쟁 및 테러, 해적 행위의 위험성을 안고 있다. 따라서 이들 지역의 수송 안보 역시 에너지 안보에 있어서 주요한 요인이 된다. 외국으로부터의 원유 수입에 대한 의존도가 높아진 중국은 동남아시아의 에너지 수송 항로를 보호하는 데 주력하고 있고, 이는 미국 및 일본과 잠재적인 경쟁을 증가시킬 수 있다.

III. 한국의 에너지 안보 정책

1. 한국의 에너지 수급 현황

한국의 에너지 소비는 세계 10위이며, 이는 GDP 대비 세계 12-13위인 한국의 경제규모에 비추어 볼 때 전반적인 에너지 과소비국에 해당된다고 볼 수 있다. 자원의 해외 의존율은 2005년 기준으로 96.5%로 한국은 내부적으로 필요한 자원을 거의 전적으로 수입에 의존하고 있는 상황이다. 원유 수입은 세계 5위(2006년)에 이르는 반면 석유 자급도는 4.1%로 낮은 편이다. 에너지 수입은 전체 수입 중 25.5%($667억,

Rivalry," *Foreign Affairs* (Mar/Apr 2006).

2005년 기준)를 차지하고 있으며, 에너지 총 수입액 중 원유 63.7%($425억), 가스 13% ($ 86.5억), 석탄 7.8% 순으로 비중이 두어지고 있다.[10)]

1990년대 에너지 소비 증가율은 경제성장률을 상회해 왔으며, 이는 1990년대 에너지 다소비업종을 포함한 중화학공업을 중심으로 한 높은 경제성장세가 이어지면서 총 에너지 소비 증가율이 경제성장률을 상회한 데 기인한다. 그러나 2000년대 들어 에너지 저소비형 산업구조로 이행되고, 에너지 이용효율 개선이 가시화되면서 총 에너지 소비 증가율은 둔화세를 보이기 시작했다.

한국의 에너지 수요는 향후 꾸준한 증가세를 보일 것으로 전망된다. 2005-2010년의 총 에너지 수요는 연평균 2.7%, 2010-2020년에는 2.3%의 증가세를 기록하고 이후 2030년까지는 연평균 2.0%의 증가율을 기록해 2030년 총 에너지 수요는 4억TOE에 이를 것으로 전망된다.[11)] 〈표 2〉는 향후 에너지 수요의 추세를 보여준다.

에너지 사용 비중에서 가장 큰 비중을 차지하고 있는 석유의 사용 비중은 점차 축소되는 경향을 보여왔고, 반면 천연가스와 원자력의 사용 비중은 1990년대 이후 지속적으로 증가해 왔다. LNG의 사용은 이 중 가장 두드러지게 나타나고 있다. 천연가스의 사용은 수송 및 민간 부문으로 꾸준히 확대되어 왔으며, 향후 지속적인 증가세가 예상된다. 주로 전력 형태로 소비되는 원자력 에너지는 1990년대 이후 그 증

10) 외교통상부, "세계 주요국의 에너지 · 자원정책 및 추진 전략," 「에너지 패권주의 : 에너지 전쟁과 우리의 대책」 토론회 자료, 대한민국 국회(2006. 11. 15).

11) KEEI, *KEEI Mid-term Energy Outlook*, 2005-2010(2006. 1).

그림 5. 한국의 주요 에너지원별 소비 현황, 2004

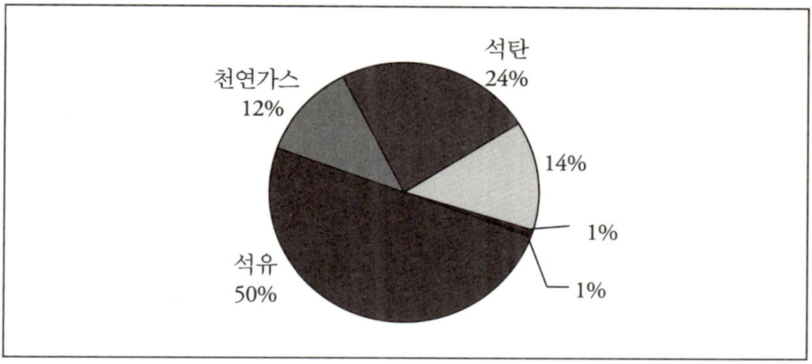

출처 : EIA International Energy Annual 2004.

그림 6. 한국의 석유 소비 현황, 1986-2006

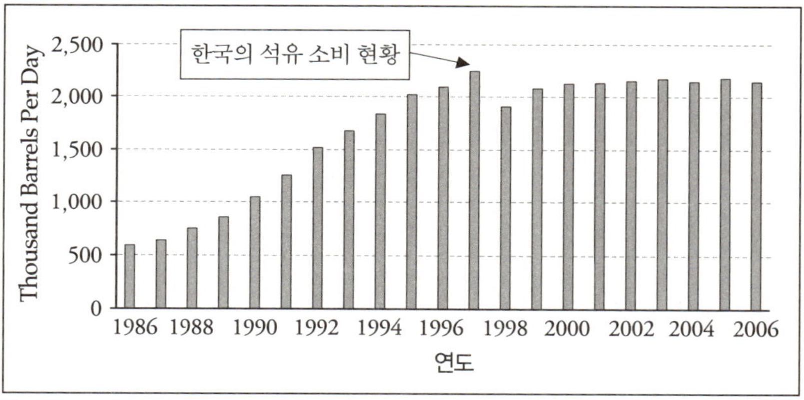

출처 : EIA International Energy Annual 2004 ; Short-Term Energy Outlook (May 2007).

가세가 둔화되고 정책 우선순위에서 밀리는 양상을 보여 왔으나, 2000년대 중반 이후 고유가 현상이 고착화되면서 공급 차원에서의 중요성이 새로이 부각되고 있다. 〈그림 5-9〉는 한국의 주요 에너지 현황을 요약해 보여준다.

그림 7. 한국의 천연가스 소비 현황, 1985-2005

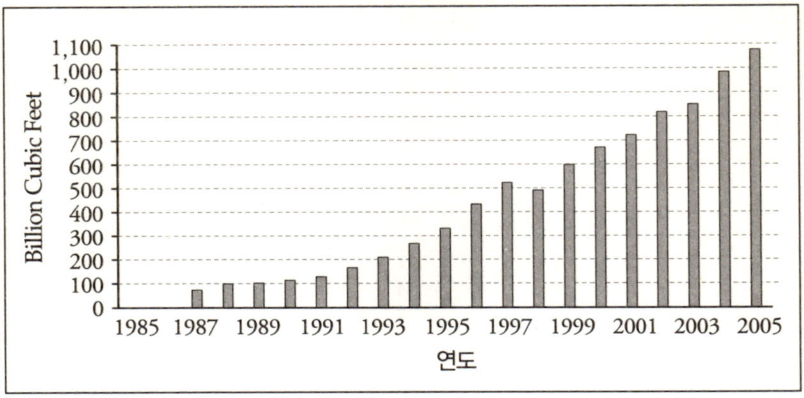

출처 : EIA International Energy Annual 2004 ; CEDIGAZ.

그림 8. 한국의 석탄 생산 및 소비 현황, 1984-2004

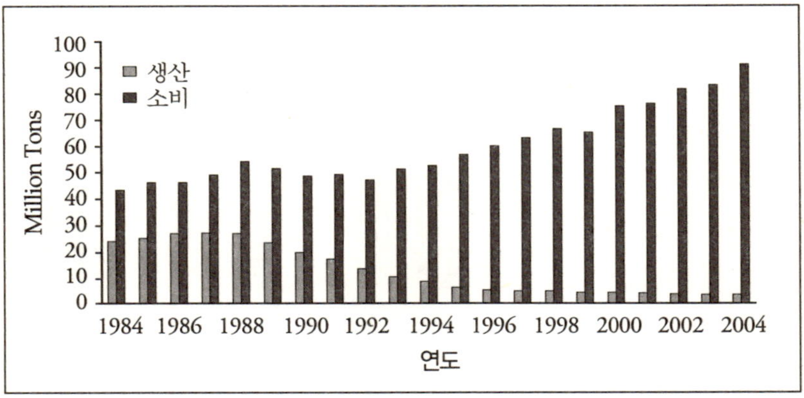

출처 : EIA International Energy Annual 2004.

에너지 소비구조에 있어 한국은 3대 에너지 다소비 업종(석유화학, 철강, 시멘트)이 에너지 소비의 79% 차지하고 있는 에너지 다소비형 산업구조를 가지고 있다. 산업적인 측면에서 이러한 구조는 에너지 구성비 및 효율성을 획기적으로 개선시키기 어려운 한계를 안고 있다. 에

그림 9. 한국의 에너지원별 전력 생산량, 1984-2004

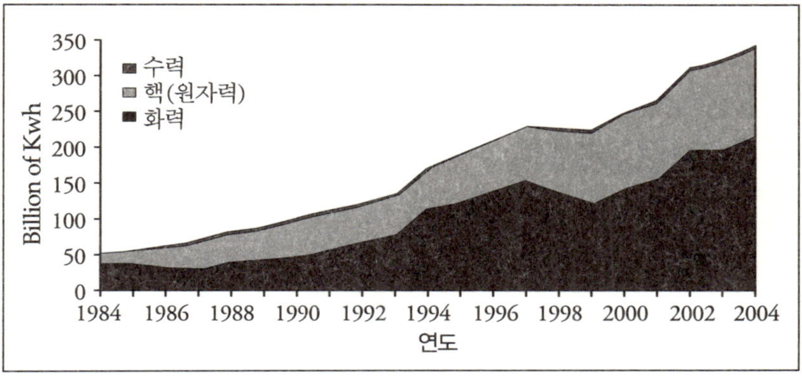

출처 : EIA International Energy Annual 2004.

표 2. 한국의 일차 에너지 수요 전망(2005-2010)

	2005	2006	2007	2008	2009	2010
석탄 (백만 톤)	84.7 (3.1)	87.6 (3.4)	92.5 (5.6)	100.9 (9.1)	104.9 (4.0)	104.9 (0.0)
석유 (백만 배럴)	764.2 (1.6)	769.7 (0.7)	778.8 (1.2)	787.3 (1.1)	794.7 (0.9)	800.4 (0.7)
LNG (백만 톤)	22.9 (4.8)	25.4 (11.0)	27.2 (7.3)	27.5 (1.0)	29.3 (6.3)	30.0 (2.4)
수력 (TWh)	4.9 (−15.9)	5.1 (4.3)	5.3 (3.1)	5.4 (2.5)	5.6 (2.3)	5.7 (1.9)
원자력 (TWh)	147.5 (12.8)	149.8 (1.6)	150.2 (0.3)	150.4 (0.1)	150.6 (0.1)	166.8 (10.8)
기타 (백만 톤-석유 기준)	5.0 (25.9)	5.8 (16.2)	6.3 (8.5)	6.7 (6.0)	7.0 (4.7)	7.3 (4.0)
총계 (백만 톤-석유기준)	229.6 (4.2)	236.8 (3.2)	244.2 (3.1)	251.6 (3.0)	257.7 (2.4)	263.7 (2.3)

*(괄호안은 연간 성장률)
자료 : KEEI, *KEEI Mid-term Energy Outlook*, 2005-2010 (2006. 1).

너지 효율을 나타내는 지표인 에너지원 단위(energy intensity)[12]는 2006년 0.307으로 일본, 미국, 대만에 비해 뒤처져 있는 상황이다. CO_2 배출

량은 세계 9위(1.9%, 2002년 기준), 1인당 세계 27위로 높은 편이며, 석유 · 석탄 의존도 비중(71.2%)이 높아 향후 지속 가능 성장에 있어 많은 과제를 안고 있다.[13)]

2. 한국 에너지 정책의 전개 및 주요 내용

제1·2차 석유위기를 겪으면서 한국은 에너지 정책에 대한 장기적인 비전을 수립하기 시작했다. 한국 에너지 정책의 기본 목적은 해외로부터의 공급 안정을 강화하는 한편, 에너지원 간의 균형을 유지하는 종합적인 수급관리정책을 수립하는 데 두어졌다. 지속적인 인프라 투자를 통해 석유, 전력 등 주요 에너지원에 대한 전국적 에너지 네트워크를 구축하고 천연가스 도입 및 공급망 구축, 석탄산업 합리화 등이 정부의 주요 정책으로 부각되었다.

1990년대 후반 이후 환경문제가 강조되면서 한국의 에너지 정책은 수요자 중심의 정책 기조를 강화했다. 기존의 에너지 정책은 공급중심의 정책 및 강력한 가격규제가 기본 골격이었으나, 고유가 상황의 장기화와 환경 친화적 사회구조 요구의 증대로 대변되는 에너지 환경의 변화에 의해 한국의 에너지 정책방향은 공급 중심의 에너지 정책에서 수요 중심의 정책으로 전환, 가격에 의한 시장기능 확보 및 선진국형의

12) 에너지원 단위 : 실질 GDP 천달러당 투입된 에너지 소비량.
13) 외교통상부, "세계 주요국의 에너지 · 자원정책 및 추진 전략."

효율적인 에너지 소비체계 구축에 초점을 맞추게 되었다. 또한 강력한 절약정책 추진책으로서 에너지 절약 시설 투자에 대한 초저리 융자지원 확대, 고효율기기 제조업 육성 및 기술개발 추진 및 연비제도 등 에너지 효율관리제도의 강화를 적극 추진하고 있다.[14] 2006년 에너지 기본법이 통과됨에 따라 에너지원 단위(energy intensity) 절감을 비롯한 에너지 수급 선진화 방안들이 지속적으로 강화되고 있다.

한국의 에너지 정책은 다음과 같은 주요 추진 과제 하에서 진행되어 왔다.

(1) 전방위적 에너지 안보의 강화

21세기에 에너지 안보는 다면적인 성격을 지니는 상황에서, 에너지안보는 단순히 에너지 공급물량 확보의 차원을 넘어서 안정적인 에너지를 공급하기 위한 기반 구축과 효율적인 에너지 시장 조성을 위한 에너지 산업 정책, 가격정책, 에너지 절약정책, 자원외교 정책 등을 모두 포괄하는 전방위적 접근방법을 요구한다.

14) 산업자원부의 에너지 · 자원정책 기조(2001)에 따르면, 한국의 에너지 정책은 크게 아래와 같이 7가지로 요약된다.
1. 에너지 소비구조 혁신을 통한 선진형 소비구조 정착
2. 2003년까지 대체 에너지 보급율을 2배로 확대
3. 에너지 산업의 시장기능 활성화
4. 에너지 산업의 경쟁체제 정착
5. 에너지 수급 안정 및 자주능력 배가
6. 시장기능에 의한 에너지 안전관리체계 정착
7. 대륙형 에너지 산업 체계 구축

(2) 에너지 위기 대응능력의 제고

한국은 에너지원 중 가장 높은 비중을 차지하고 있는 석유 공급의 안정성 확보를 위해 전략적 석유비축 및 유가 완충자금을 지속적으로 확충해 오고 있다. 2004년 8월 기준으로 우리나라는 76백만 배럴(55일분)의 정부 비축과 73백만 배럴(55일분)의 민간 비축을 달성했으며, 향후에도 원유 비축량은 늘어날 예정이다. 2008년 말에는 정부 비축이 141백만 배럴(72일분), 민간 비축이 97백만 배럴(63일분)에 달하는 수준을 유지하게 되었다.

원유 도입선 다변화를 위해서 정부는 수송비 보조금 제도를 운영하고 있으며, 간접적으로 중동 이외의 다른 자원부국들과 자원협력위원회를 구성해서 운영하고 있다. 특히, 중동 이외의 중요한 자원 확보 대상지역으로 러시아와 카스피해 연안 및 중남미 국가와 석유, 가스 등 에너지자원 개발, 도입을 위한 자원협력을 추진하는 등의 에너지 수입선의 다변화를 추진하고 있다.

(3) 에너지 다원화 정책 및 공급기반의 확충

에너지 생산 및 공급설비의 확충은 에너지 안보에 있어서 가장 중요한 요소 중 하나이다. 한국은 에너지 수요 증가를 효과적으로 충족하기 위해 석유정제설비, 발전설비, 에너지 공급망, 지역 난방시설 등을 지속적으로 확충해 왔다. 석유산업은 주로 민간기업에 의해, 전력산업과 천연가스 산업은 정부 주도로 관련 설비 계획 및 투자, 설비 증설

이 이루어져 왔으며, 이는 향후에도 지속적으로 추진될 예정이다.

(4) 에너지 절약 및 효율성 제고의 추진

에너지 절약은 소요 에너지를 효율적으로 절감하고 에너지 이용 기반을 건전하게 한다는 의미에서 에너지 안보와 직결된 정책이다. 최근에는 기후변화협약 대응 등 국가의 에너지 정책 목표 달성을 위해 에너지 절약 기술개발 및 보급, 에너지 효율등급 표시제도, 수요관리, 자발적 협약(VA) 및 에너지 절약 전문기업(ESCO) 제도 등 사회 전반의 에너지 효율 개선을 위한 절약 및 효율개선 정책이 추진되고 있다.

(5) 에너지 산업구조 개편

그동안 한국 에너지 산업의 발전은 국내 자본시장의 취약함과 기술의 후진성, 이에 따른 민간 부문의 자본과 기술 동원 능력 부족 등의 이유로 정부가 주도해 왔다. 석유산업의 경우에는 완전 민영화가 이루어졌으나 전력산업과 천연가스 도매부문, 그리고 지역난방 사업 등에는 아직 상당부분이 정부 및 공기업에 의해 운영되어 오고 있다. 그러나 에너지 산업의 구조 개편이 진행되면서 에너지 설비 증설 및 투자에 있어서 민간의 역할이 증대되고 있으며, 보다 경쟁적인 분위기 하에서 에너지 산업의 효율성 향상을 기대하고 있다.

(6) 해외자원 개발의 추진

에너지 안보 역량을 제고시킬 수 있는 가장 적극적인 수단의 하나로 해외자원 개발이 적극적으로 추진되고 있다. 정부는 에너지 자원의 경제적이고 안정적인 공급을 위해 전략 자원에 대해 자주개발목표를 현재 4.2%에서 2012년 18.1%로 획기적으로 향상시키는 정책목표를 설정하고 해외자원 개발을 적극 추진하고 있다.[15] 2008년 기준으로 16개국에서 38개 사업(생산 9, 개발 3, 탐사 26)이 진행 중에 있다.

(7) 신재생 에너지 확대 및 온실가스 배출 절감

정부는 1990년대 이후 국제환경규제의 대두 등으로 에너지 기술개발의 중요성이 재인식되면서 대체 에너지, 에너지 절약, 청정 에너지 기술에 대한 통합, 체계적인 개발을 위해 '에너지기술개발 10개년 계획'을 수립해 추진해 오고 있다. 특히 기후변화협약에 따른 온실가스 감축의 문제가 주요 이슈로 부각되는 상황에서 "저탄소 및 녹색성장"과 관련된 신재생 에너지 기술 개발 및 사용 확대는 앞으로도 지속될 전망이다. 2008년 8월 발표된 국가에너지위원회의 '국가 에너지 기본계획'은 석유를 포함한 화석 에너지 비중(1차 에너지 기준)을 현재 83%

15) 대통령인수위 업무보고(2008. 2. 13) ; 류지철, "한국의 에너지 안보 : 정책과 대응방안," 에너지경제연구원(2006) http://www.seoulpeaceprize.or.kr/file/kor_ryujichul.PDF

에서 2030년 61%로 축소하는 한편, 신재생 에너지 비중은 현재 2.4%에서 2030년 11%로 대폭 확대하고 관련된 에너지 기술 수준을 세계 수위권으로 향상시킬 것을 제안하고 있다.[16]

Ⅳ. 일본의 에너지 안보 정책

1. 일본의 에너지 수급 현황

일본은 미국, 중국에 이은 세계 제3위의 석유 소비국이자 세계 제2위의 석유 수입국이고, 세계 최대의 LNG 수입국이기도 하다. 한국과 마찬가지로 일본은 국내 에너지 수요의 대부분을 수입에 의존하는 구조를 보이고 있다. 일본의 주요 에너지 공급원은 석유로 이는 전체 에너지 공급원 중 50%(2000년 기준)의 비중을 차지했으며,[17] 2003년에는 40% 전후로 낮아졌다. 앞으로 석유 소비량은 점차 감소할 것으로 예상되지만 2010년에도 여전히 일본 국내 공급의 43%를 차지하는 주요한 에너지 공급원이 될 것으로 보인다. 천연가스 및 원자력의 사용은 기존 석유 소비를 대체할 주요한 공급원으로 부상했다.

16) 지식경제부, "녹색 성장'의 주춧돌 「국가에너지기본계획」 수립," 보도자료 (2008. 8. 27).

17) 원유 수입은 주로 중동 지역에 의존하고 있으며 사우디아라비아 및 UAE가 주요 수입국이다.

일본 경제산업성은 2004년 6월 2030년까지의 장기 에너지 수급 전망인 '2030년의 에너지 수급 전망' 의 중간 보고를 공표했다.[18] 아울러 일본은 고유가 등 세계 에너지 정세 속에서 에너지 시장 불안정성에 대비해 에너지 안보공고화를 위한 "장기적인 신국가 에너지 전략"을 수립했다. 2030 신국가 에너지 전략 주요 내용은 다음과 같다 :

- 석유 의존도 절감 : 47% ('03) → 40% (2030)
- 원자력 발전량 확충 : 29% ('04) → 40% (2030)
- 석유 자주개발률 확대 : 15% ('04) → 40% (2030)
- 에너지 효율 개선 지속 추진 : 40% (2030)
- 대체 에너지 : 2.1% ('04) → 7% (2010)

〈그림 10-13〉는 주요 공급원 관련 일본 에너지 수급의 주요 현황을 보여준다.

2. 일본 에너지 정책의 전개 및 주요 내용

1973년 제1차 석유위기 이후 일본의 에너지 정책이 본격적으로 추진되었다. 일본의 에너지 정책은 3E를 달성하기 위한 5개의 주요 요

18) 장기에너지수급전망은 '에너지기본정책법' 에 근거해서 정부가 공표하며, 2004년의 발표가 14회째이다. 2001년 7월에는 13회째의 「장기에너지전망」을 발표했으며, 이는 2010년까지를 대상으로 했다.

그림 10. 일본의 석유 생산 및 소비 현황, 1986-2006

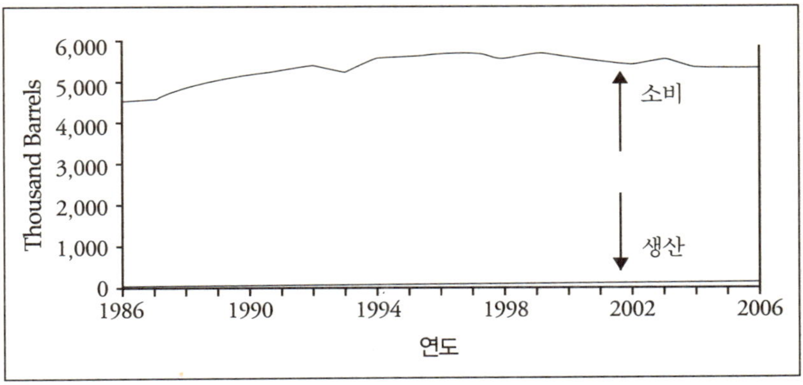

출처 : EIA International Energy Annual 2004 ; Short Term Energy Outlook (November 2006).

그림 11. 일본의 천연가스 생산 및 소비 현황, 1984-2004

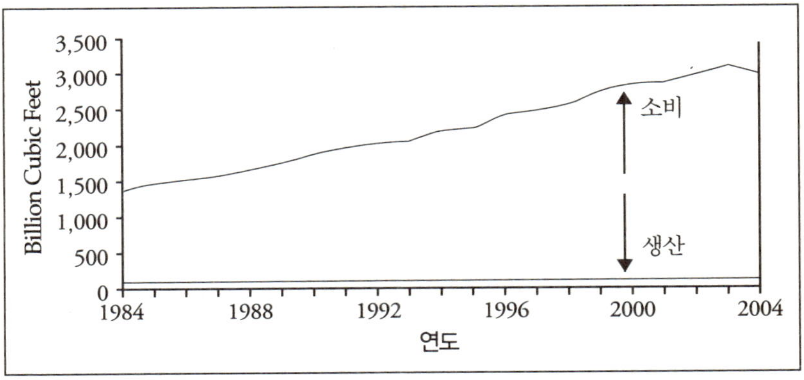

출처 : EIA *International Energy Annual 2004*.

소가 일본 에너지 산업의 과제로 구성되어 있다. 에너지 정책 목표의 "3E"는 "Economic Growth(일본의 경제성장 달성)", "Energy Security(에너지 안보)", "Environmental Protection(환경보전)"을 지칭한다. "3E" 실현을 위한 4가지 에너지 정책 과제로는 에너지 절약 대책의 강화, 신재생

그림 12. 일본의 석탄 생산 및 소비, 1984-2004

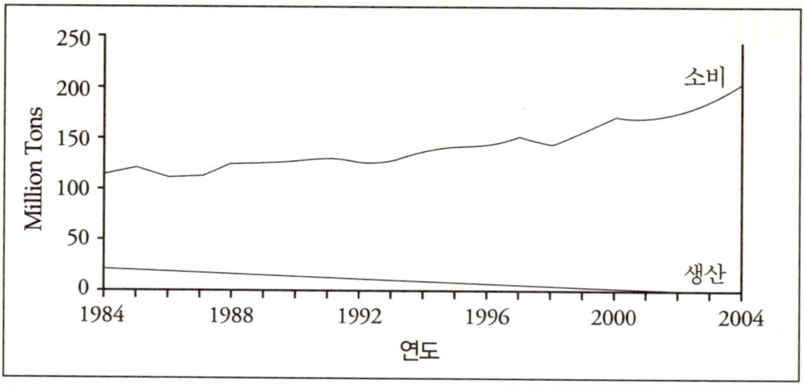

출처 : EIA *International Energy Annual 2004*.

그림 13. 일본의 에너지원별 전력 생산 현황, 1984-2004

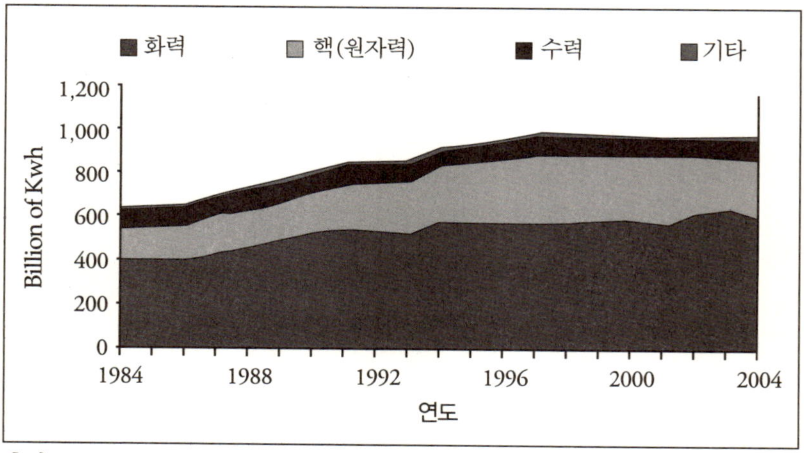

출처 : EIA *International Energy Annual 2004*.

에너지의 도입 촉진, 원자력 개발의 추진, 천연가스의 이용 확대가 제시되었다.

사회적 상황이나 국제정세 변화에 따른 "3E"의 중점은 변화하는 양상을 보여 왔다. 1970-1980년대에는 2차례의 석유위기를 겪으면서 "에너지 안보"에 중점을 둔 반면, 1980-1990년대에는 낮은 유가로 에너지 산업의 효율화를 높이기 위한 자주화 및 규제완화를 통한 "경제성장 달성"에 중점을 두게 되었다. 1990년대 이후에는 전 세계적으로 지구온난화 문제가 부각되면서 "환경보전"에 중점이 이동해 가는 추세이다.

일본 에너지 정책의 기본 목표는 크게 에너지의 안전보장과 지구온난화 방지의 두 축으로 나눠진다.[19] 에너지의 안전보장은 다음 사항들을 포함한다 : 1) 석유 의존도 감축, 2) 중동 의존도 감소, 3) 원자력 추진 및 확대, 4) 천연가스의 이용 및 확대, 5) 석탄의 수입 증대, 6) 재생 에너지의 공급 확대. 지구온난화 방지에는 다음 사항들이 포함된다 : 1) 석유 의존도 감축, 2) 비화석 에너지 확대, 3) 유연성 조치(교토의정서)에 의한 해결.[20] 기후변화와 관련한 온실가스 배출 감축도 1990년 대비 6% 감축 목표 중 1.8%를 배출권 거래, 공동 실시, 청정개발 메커니즘에 의해 달성하고자 한다.[21] 이를 바탕으로 일본의 에너지 전략의 목표는 에너지 안전보장의 확립, 에너지 문제와 환경문제의 일체적인 해결에 의한 지속 가능한 성장기반의 확립, 아시아와 세계의 에너지 문제 극복에의 적극적인 공헌을 주요 근간으로 하고 있다.

나아가서 에너지 전략의 목표는 세계 최첨단 에너지 수급구조의 실현, 자원외교와 에너지 환경협력의 종합적인 강화, 긴급사태에 대한

19) WPN/01/03/02 ; 46-50
20) http://hopia.net/hong/file/mid02_oilkorea.htm
21) Ibid.

대응책의 마련으로 정형화된다. 에너지 이용 효율의 향상, 에너지원의 다양화와 분산화, 에너지 공급 여력의 보유 등은 세계 최첨단의 에너지 수급구조를 확립하는 주요한 수단이 되며, 동시에 자원외교, 에너지 환경협력의 종합적인 강화를 도모하고자 한다.[22] 일본의 에너지 전략은 다음과 같은 기조 하에서 추진되고 있다.

(1) 종합적인 에너지 국가전략의 추진

에너지 문제는 안보, 외교, 위기관리, 통상, 과학기술 정책 등 여러 가지 정책분야와 불가피한 관계를 가지므로 에너지 문제와 정책과의 연계를 강화한 종합적인 대처를 모색한다. 앞서 논의한 신국가에너지 전략 등이 이러한 취지를 반영하고 있다.

(2) 기술개발을 통한 에너지 자급률의 향상

일본의 자체 에너지 자원은 극히 부족하기 때문에 기술개발에 의해 자원을 생성해내는 것이 중요하다. 원자력 개발, 태양광 또는 풍력, 바이오매스 등의 신재생 에너지의 개발 이용, 에너지 절약의 기술개발 등이 이러한 정책과제로 부각되고 있다. 일본은 2006년 "신에너지 이노베이션" 예산으로 1,408억 엔의 예산을 책정한 바 있으며, 정부 및 민간 차원에서 다양한 에너지 기술 관련 R&D 사업을 추진 중에 있다.

22) http://www.sejong.org/pub_st/PUB_ST_DATA/kst006?06.pdf

(3) 에너지 공급원의 다각화 및 분산화

특히 일본과 동아시아에서 가까운 러시아 동부 지역(사할린과 동시베리아)에 있는 석유와 천연가스의 개발 및 이용을 목적으로 하며, 천연가스 이용 확대를 위한 가스관 등의 인프라를 구축하는 데 역점을 두고 있다. 또한 석탄은 가격도 저렴하고 여러 지역에 풍부하게 매장되어 있어 석탄청정 기술의 개발 등을 통해 석탄의 청정하고 안정적인 이용을 확대하고자 한다.

(4) 안정적 확보를 위한 자원외교

일본은 에너지원의 안정적 확보를 위한 자원외교를 활발하게 전개 중에 있다. 기존의 주요 공급원인 중동 지역과 지속적인 자원 및 경제관계 강화를 추진하는 한편, 공적 개발원조 등을 활용해 중앙아시아 지역 석유자원 확보를 추진하고, 동시베리아 석유 도입 루트 확보를 위해 총리 등 정부 인사들이 잇따라 방러, 경제지원을 약속하는 등 외교 노력을 강화하고 있다. 또한 일본은 북방 영토문제와 연계 하에 동시베리아 개발 및 사할린 프로젝트에 참여하기 위한 적극적인 대러 에너지 외교를 추진 중에 있다.[23] 또한 2006년 G8 재무장관회의에서 아프리카

23) 일본 공공석유개발업체인 석유자원개발(JAPEX)이 일·러 간에 추진 중인 동시베리아 유전의 매장량을 확인하는 탐사작업에 참가할 예정이며 시베리아 송유관 건설 및 탐사, 시추비용 제공을 조건으로 러시아 에너지원 개

국가들의 채무를 탕감하고 아프리카 은행에 대한 차관을 매년 2억 달러씩 제공하기로 천명한 바 있으며, 이어 2007년 10월에는 "아프리카 자원외교 전략"을 발표하는 등 대아프리카 자원외교를 본격화하고 있다.[24]

V. 한일 에너지 협력의 모색 : 동북아 에너지 협력에의 시사점

1. 동북아 에너지 협력의 가능성

일본은 동북아 에너지 자원의 시장인 동시에 개발에 필요한 최대의 투자자이기도 한 이유로 동북아 에너지 협력에의 참여는 필수불가결한 요소이다. 일본 경제산업성(MTTI)은 2004년 4월 동아시아 각국의 석유비축제도가 마련된 단계에서 아시아판 국제에너지기구(IEA) 창설 제안 보고서를 제출한 바 있다. 그러나 2002년 9월 발표된 '일본, 중국, 한국 및 ASEAN의 에너지 협력' 보고서에서 보여지듯 일본이 구상하고 있는 에너지 협력의 범위는 동북아로만 국한하는 것이 아니라

발에 있어 일본의 입장을 강화시키고자 하고 있다.

24) 이에 앞서 일본은 석유개발과 관련해 2003년 9월 아프리카 국가에 대한 10억달러 상당의 무상원조와 30억 달러의 부채 포기를 약속한 바 있다. http://www.neasiaenergy.net/download/nw050405_03.pdf

동남아를 포함하는 포괄적 아시아 협력의 차원으로 확대된 것이었다.

한국은 1999년부터 한중 에너지자원환경 분과위원회를 운영하고 있으며, 일본과는 1986년부터 시작된 한일 에너지실무위원회를 운영하고 있다. 그러나 한 · 중 · 일 3국은 에너지 협력의 필요성이 상존함에도 불구하고 러시아의 에너지 확보를 위해 협력보다 경쟁이 가시화되고 있는 것이 현실이다. 동북아 지역에서 에너지 시장 통합에 관한 논의는 한 · 중 · 일 간에 여러 포럼을 통해 논의되어 왔으나 구체적인 안이 제안되지 않은 실정이다.[25] 한국이 주도적으로 추진하고 있는 동북아 에너지 정부 간 협의체(ECNEA)에도 일본과 중국은 공식적으로 참여하고 있지 않다.

그러나 한·중·일 3국은 FTA가 진척됨에 따라 에너지 시장의 개방과 더불어 장기적으로 에너지 시장의 통합, 더 나아가 동북아 에너지 협력체로의 발전 가능성을 배제할 수 없다. 한·중·일 에너지 시장 통합을 통해서 동북아 에너지 협력으로 발전하는 경우 러시아 에너지자원의 공동개발을 통해서 에너지 안보를 확보할 수 있으며, 특히 에너지 확보를 위해 조성된 긴장관계를 해소하고 협력 속의 에너지 안보를 3국이 확보할 수 있다는 측면에서 한·중·일 에너지 시장 통합이나 동북아 에너지 협력체의 설립은 유용성을 지닌다.

이와 같은 동북아시아에서의 에너지의 안정공급, 환경보전, 시장 안정화를 동시에 이룩하기 위해서는 각국의 에너지 수급의 구조, 경제

25) 한·중·일 3자 에너지 대화('04. 7월, 한국 제의), 동북아 5자 에너지 대화('05. 5월, 미국제의) 5자(중·일·한·미·인도) 에너지 각료포럼('06. 4월, 중국 제의) 등이 다자 간 협의체로 논의되고 있다.

발전단계에 기초한 에너지 공급원의 다양화, 에너지 절약, 연료 전환을 통한 에너지의 탈탄소화, 효율적 에너지원 다변화 등의 목표를 달성하기 위해 노력할 필요가 있다. 이러한 과정 속에서 기술, 경제력, 제도설계 면에서 우위에 있는 일본이 담당해야 할 역할이 클 것으로 보고 있다.[26)]

3국 간 구체적 에너지 협력 사업은 민간기업의 지속적인 참여를 위해 필수적이므로 경제성이 우선적으로 고려되어야 할 것이다. 그러나 투자 상대국의 정치·제도적 불안뿐만 아니라 3국 간 신뢰의 부재 등으로 인해 자원개발과 같은 대규모 투자 사업에 불안 요소가 내재하고 있다. 따라서 자원 공동개발에 대한 투자사업에 있어 3국 간 안정적인 법과 제도가 우선적으로 마련되어야 할 것이고, 이러한 법과 제도의 국제적 기준을 마련하기 위해 양자 간 협력과 더불어 다자 간 정부 간 협의체를 구성할 필요성도 부각되고 있다. 여기서 동북아 국가들 간의 양자 간 협력은 다자 간 협력으로 발전할 수 있는 토대를 마련한다는 점에서 중요한 출발점이 될 수 있다. 한국과 일본의 에너지 협력은 이러한 점에서 중요한 의미를 지니게 된다.

2. 한국과 일본의 동북아 에너지 협력 과제

동북아 에너지 협력의 주체로서 한국과 일본의 에너지 파트너십

26) http://www.kiet.go.kr/servlet/isearch?mode=view&dataNo=27387

형성은 일련의 에너지 협력 어젠다를 중심으로 진행될 전망이다. 현재 동북아 에너지 협력의 주요 논의 대상이 되고 있는 어젠다들은 다음과 같다.

- 국제 에너지 시장의 불안과 원유 해상수송에 대한 위기관리 및 석유 공동 비축의 상호 협력
- 아시아 석유 공동 시장의 형성 및 동북아 원유 물류의 거점화
- 에너지 공급원의 다원화를 위한 동시베리아의 자원을 포함한 해외 자원에 대한 공동 개발
- 동시베리아 송유관 건설을 위한 협력사업
- 중국의 자원개발에의 투자 확대를 통한 역내 에너지 자원에 대한 긴장 완화
- 기후변화협약과 관련한 환경문제의 완화와 에너지 절약을 강화하기 위한 에너지 효율 개선 및 신재생 에너지 분야의 기술 협력
- 에너지 제품, 특히 석유제품의 자유무역을 통해 역내 에너지 시장의 확대와 경쟁력 강화

이제까지 한국과 일본은 유사한 에너지 공급구조를 갖고 있음에도 불구하고 에너지 소비국 간의 협력보다는 에너지 수출국과의 개별적 협력관계를 모색하는 데 더 많은 관심을 보여왔다. 이러한 노력은 국제 에너지 시장에서 미국과 유럽연합이 행사하고 있는 영향력에 뒤지는 협상력을 발휘했다고 볼 수 있다. 그 단적인 예가 아시아 프리미엄의 존재이다. 아시아 프리미엄에 대한 대응책으로는 우선 원유가격

산정방식의 변경을 고려할 수 있다. 새로운 가격산정 기준이 기존의 두바이유 체제를 대체할 경우 전체적인 유동성을 증가해 가격결정의 투명성과 신뢰성이 개선될 수 있다는 제안이 제기되고 있다. 따라서 한·일, 그리고 나아가 한·중·일 간 에너지 시장의 통합은 국제 에너지 시장에서의 집단적 협상력을 제고해 아시아 프리미엄, 원유비축 문제, 환경문제, 석유제품의 교역 확대를 통한 수급문제의 완화 등을 보다 효율적으로 해결할 수 있을 것으로 기대된다.[27)]

에너지 안보 강화 차원에서 유사시 석유 유통 시스템의 정비 역시 협력의 주요 의제가 될 수 있다. 거대 소비국인 동북아 국가들 간의 석유의 안정적인 공급을 위해 한국, 일본, 중국은 상호 간 석유 공동 비축 및 유통 시스템을 정비하는 것이 필요하다. 또한 긴급상황시에 개별 국가의 석유 비축분을 상호 간에 빌려쓸 수 있는 시스템을 정비하고 구체적인 가이드라인을 마련하는 방안들이 논의되고 있다.[28)]

또한 한국, 중국, 일본 및 대만 등이 주축이 되어 동북아 지역의 석유제품 현물시장에 대한 정비의 필요성이 제기되고 있다. 이를 위해 각국에 존재하는 각종 석유시장 관련 규제를 완화해 나가야 할 필요성이 있다. 나아가 중동 산유국의 가격 장악력에 대응하기 위해 아시아 국가들은 석유재고를 확대하는 한편, 중동 원유를 대체할 수 있는 에너

27) http://dspace.kiep.go.kr : 8080/dspace/bitstream/123456789/280/2/04?04,pdf ; http://www.kiep.go.kr/publication/std_rept_view.asp?num=131842

28) Jae-Seung Lee, "Common Stockpiling in Northeast Asia : Agenda for Cooperation," Unpublished manuscript presented at the CSCAP Working Group Meeting on Energy Security, Beijing, March 23, 2008.

지 공급원을 확보해야 한다. 구주, 미주, 아시아 시장에 이어 제4의 동북아시아 석유시장을 창설하는 방안도 고려되고 있다.[29)]

수급문제를 해결하기 위한 보다 적극적인 협력 과제로는 수입선 다변화와 대체 에너지 개발을 들 수 있다. 수입선 다변화는 시베리아 횡단 원유 및 가스 파이프라인 건설이 주로 논의되고 있다. 이는 동북아시아 국가의 중동에 대한 원유 의존도를 줄일 수 있는 유효한 수단이나 거액의 개발자금이 필요하며, 지역 국가들 간의 협력이 필요하다. 최근 동시베리아 유전 개발 및 파이프라인 건설을 둘러싼 중국과 일본의 경합이 치열해지고 있으나, 이러한 동북아-시베리아 파이프라인 건설은 지속적으로 제기될 것이고 또 현실화될 것으로 전망된다.

대체 에너지 개발에 있어서는 기술적으로 앞서 있는 일본, 한국과 중국 간의 동북아 차원의 협력 프로젝트가 논의될 수 있다. 대체 에너지의 문제는 기후변화 대응 등 환경문제와도 밀접한 관련이 있다. 청정개발체제(CDM)도입 및 확대에 있어 한·일 양국이 많은 관심과 필요성을 가지고 있는바, 이에 대한 논의는 더욱 활성화될 것으로 보인다. 또한 중국을 포함한 동북아의 차원에서 환경요인의 제약으로 인한 중국 발 에너지 위기를 차단하기 위한 한·중·일 간 협력이 필요하다.[30)]

29) 김현진, "신에너지 위기요인과 동북아 에너지 협력," 삼성경제연구소(2004) ; Kensuke Kanekiyo, "Energy Outlook of China and Northeast Asia and Japanese Perception toward Regional Energy Partnership," IEEJ Report(October 2005).
30) 김현진, "신에너지 위기요인과 동북아 에너지 협력."

결국 한국과 일본의 에너지 파트너십은 소비국의 결속과 협상력 제고라는 차원에서 정부·민간기업의 다양한 차원의 대화와 프로젝트의 진전을 통해서 양국 간 에너지 안보 강화의 윈-윈 전략의 마련을 바탕으로 추진되어야 한다. 이는 단순한 양자관계를 넘어서 동북아의 차원, 동아시아의 차원, 나아가 IEA 및 에너지헌장조약(ECT) 등의 다양한 다자기구를 통해 양자적·다자적 조율을 이루어 나가는 포괄적 에너지 협력 체제의 강화를 포함해야 할 것이다.

참 | 고 | 문 | 헌

김현진. "신에너지 위기요인과 동북아 에너지 협력." 삼성경제연구소. 2004.

류지철. "한국의 에너지 안보 : 정책과 대응방안." 에너지경제연구원. 2006.

지식경제부. "녹색 성장' 의 주춧돌「국가에너지기본계획」수립." 보도자료. 2008. 8. 27.

대통령인수위. 업무보고. 2008. 2. 13.

외교통상부. "세계 주요국의 에너지 · 자원정책 및 추진 전략."「에너지 패권주의 : 에너지 전쟁과 우리의 대책」토론회 자료. 대한민국 국회. 2006. 11. 15.

Bustelo, Pablo. "China and the Geopolitics of Oil in the Asian Pacific Region." Elcano Royal Institue Working Paper No. 38/2005. September 2005.

Calder, Kent E. "China and Japan's Simmering Rivalry." *Foreign Affairs*. Mar/Apr 2006.

Chang, Felix K. "Chinese Energy and Asian Security." *ORBIS : A Journal of World Affairs* 45－2. 2001.

Dannreuther, Roland. "Asian security and China's energy needs." *International Relations of the Asia Pacific*. August 2003.

International Energy Agency(IEA). *China's Worldwide Quest for Energy Security*. OECD. 2000.

Ito, Kokichi, Li Zhidong and Komiyama, Ryoichi. "Asian Energy Outlook to 2020 : Trends, Patterns and Imperatives of Regional Cooperation." RIS Discussion Papers. 2005.

International Energy Agency. *World Energy Outlook*. 2002.

Kanekiyo, Kensuke. "Energy Outlook of China and Northeast Asia and Japanese Perception toward Regional Energy Partnership." IEEJ Report. October 2005.

KEEI. *KEEI Mid-term Energy Outlook, 2005-2010*. 2006.1.

Lahn, Glada and Keun-Wook Paik. "Russia's Oil and Gas Exports to North-East Asia." *Chatham House Paper*. April 2005.

Lee, Jae-Seung "Common Stockpiling in Northeast Asia : Agenda for Cooperation." Unpublished manuscript presented at the CSCAP Working Group Meeting on Energy Security, Beijing. March 23. 2008.

Liu Xiaoli, Zhang YouSheng. *China Petroleum Security and Regional Cooperation*. Energy Research Institute. NDRC. 2003.

Manning, Robert A. "The Asian Energy Factor : Myths and Dilemmas of Energy, Security, and the Pacific Future." New York : Palgrave. 2000.

Murphy, David and Martin Fackler. "Asia's Pipeline Politics." *Far Eastern Economic Review*. July 24. 2003.

Paik, Keun-Wook. "The Implications of China's Gas Expansion towards Natural Gas Market in Asia." *Chatham House Paper*. February 2004.

Salameh, Mamdouh G. "Quest for Middle East Oil : The US versus the Asia-Pacific Region." *Energy Policy*. Vol. 31. No. 11. September 2003.

Simonia, Nodari A. "Russia and Energy Security in the Asia?Pacific Region." Asian Perspective. 23-1. 1999.

Vaclav Smil. "China's Energy : Trends and Global Implications." POSRI International Forum on China's Development. POSRI. 2004. 11.

http://www.kiet.go.kr/servlet/isearch?mode=brief_category&induCode=1CXXXXXX

http://www.keei.re.kr/web_keei/d_results.nsf/5484e61dd6b11a6b49256f82003cc73a/8fb61bb7c5719a3a49256a97001cc280?OpenDocument

http://www.seoulpeaceprize.or.kr/file/kor_ryujichul.PDF

http://hopia.net/hong/file/mid02_oilkorea.htm

http://www.sejong.org/pub_st/PUB_ST_DATA/kst006?06.pdf

http://www.neasiaenergy.net/download/nw050405_03.pdf

http://www.kiet.go.kr/servlet/isearch?mode=view&dataNo=27387

http://dspace.kiep.go.kr : 8080/dspace/bitstream/123456789/280/2/04?04,pdf

http://www.kiep.go.kr/publication/std_rept_view.asp?num=131842

저 | 자 | 소 | 개

■ 김석우

현 직 위 : 서울시립대학교 국제관계학과 교수
최종학위 : University of North Carolina 정치학박사
연구분야 : 국제정치이론, 국제정치경제
주요 저술 : 『한국의 통상협상』(공저, 한울, 2004)
"패권안정이론과 한국적 수용" (2009)

■ 박인휘

현 직 위 : 이화여자대학교 국제학부 교수
최종학위 : Northwestern University 정치학박사
연구분야 : 국제안보, 동북아국제관계, 미국외교정책
주요 저술 : 『한미 FTA와 한국의 외교전략』(공저, 새사회전략연구소, 2008)
"북핵문제의 복합성, 미국의 딜레마, 그리고 동북아 안보의 변화" (2007) 외 다수

■ 이상현

현 직 위 : 세종연구소 안보연구실장
최종학위 : University of Illinois at Urbana-Champaign 정치학박사
연구분야 : 국제정치 및 안보, 군사전략, 한미관계
주요 저술 : 『한미동맹 로드맵』(공저, 세종연구소, 2008)

"미국의 군사변환전략 : 기원, 성과, 평가" (2007) 외 다수

■ 이상환

현 직 위 : 한국외국어대학교 정치외교학과 교수
최종학위 : Michigan State University 정치학박사
연구분야 : 국제정치경제, 지역정치, 외교정책
주요 저술 : "중남미의 반부패와 인권현황에 대한 연성권력 측면의 비교분석" (2009)
"국제사회의 반부패에 대한 이해" (2007)

■ 이재승

현 직 위 : 고려대학교 국제학부 교수
최종학위 : Yale University 정치학박사
연구분야 : 국제정치경제, 환경 및 에너지 안보, 지역협력
주요 저술 : 『협력과 갈등의 동북아 에너지 안보』(공저, 인간사랑, 2008)
『프랑스 사회주의의 패러독스』(인간사랑, 2005)
"동북아 에너지협력 논의의 쟁점과 분석틀" (2007)

■ 진창수

현 직 위 : 세종연구소 부소장
최종학위 : 도쿄대학교 정치학박사
연구분야 : 일본 정치경제, 한일관계
주요 저술 : 『일본의 정치경제 : 연속과 단절』(한울, 2009)
『동북아 영토분쟁과 일본의 외교정책』(세종연구소, 2008) 외 다수

미래 한일협력의 정치학

초판1쇄 / 2009년 8월 31일

지은이 **김석우 | 박인휘 | 이상현**
이상환 | 이재승 | 진창수
펴낸이 **여국동**
펴낸곳 **도서출판 인간사랑**
인 쇄 **백왕인쇄**
제 본 **은정제책사**

출판등록 1983. 1. 26. / 제일 3호

(411-815) 경기도 고양시 일산구 백석동 1178-1
TEL (031)901-8144, 907-2003
FAX (031)905-5815
e-mail/igsr@yahoo.co.kr / igsr@naver.com

정가 15,000원

ISBN 978-89-7418-290-8 93340

※ 잘못된 책은 교환해 드립니다.